사이다의 핸드메이드 드레스 레슨

사이다의 핸드메이드 드레스 레슨

상상이 현실이 되는
나만의 커스텀 의상 & 소품 만들기

SAIDA's Handmade Dress Lesson

사이다(SAIDA) 지음

Hans Media

Prologue
어느 날 크리에이터 SAIDA가 되었습니다

부캐 전성시대가 왔습니다. 많은 사람이 평소 모습과는 다른 새로운 캐릭터를 가지고 살아가는 시대가 온 것이죠. 멀티페르소나의 시대가 도래하자, 어느 날 나의 '부캐'는 크리에이터가 되었습니다.

첫 바느질 땀

처음 옷 만들기를 시작한 계기는 아주 어릴 때 본 애니메이션이었습니다. 4살 때 처음 접한 만화 《드래곤볼》의 패션과 디즈니 프린세스의 드레스에 사로잡혔습니다. 시름시름 앓을 정도로 디즈니 프린세스의 드레스를 가지고 싶어 하니, 어른들이 당시 마트에서 판매하던 유아용 프린세스 드레스를 사주었습니다. 그런데 내가 드레스를 보고는 여기는 이런 모양이어서는 안 되고, 이 재료는 너무 안 예쁘다며 울었다고 합니다. 한바탕 울고는 드레스가 해질 때까지 입고 다녔지만, 이 유별난 에피소드는 여태껏 입에 오르내리곤 합니다. 하나하나 내 맘에 쏙 들게 만들어진 완벽한 옷을 갖고 싶었던 8살, 결국 맘과 눈에 차는 '환상적인 옷'을 갖기 위해 직접 바느질을 하기로 했습니다.

　엄마가 취미로 드나들던 퀼트 공방을 따라다니며 눈대중으로 손바느질을 배웠습니다. 옆에서 모은 자투리 조각으로 바느질을 연습하다 용돈을 모아 동네 상가의 원단가게로 천을 사러 갔습니다. 동대문종합시장의 5배가 넘는 가격에 원단을 팔던 작은 가게에서 초등학생의 용돈으로 살 수 있는 건 아주 얇은 안감용 천뿐이었죠. 얼마나 필요한지도 모르고, 이걸로 옷을 만들기는 어렵다는 것도 모르고, 소심하게 2마를 사서 드레스 만들기에 도전했습니다. 옷이나 입체에 대해 모른 채 모래시계 모양으로 잘라 이어 만든 원피스는 어설펐지만 처음 옷을 완성한 기억은 오래 남아 있습니다.

　무턱대고 시작한 만들기는 옷장 속 옷들을 해체하고, 인터넷의 재봉 선생님들이 올려준 무료 옷본과 블로그 제작법을 하나하나 찾아보며 이어졌습니다. 전문 수업을 찾을 생각도 못 했던 8살 때부터 20년 넘게 마음 가는 대로 만들고, 또 만들다 보니 어느 순간 가장 쉬운 방법으로 원하는 모양을 완성할 수 있게 되었습니다. 혼자서 실수도 하고 성공도 하며 만든 꼼수와 테크닉 사이의 이야기를 책에 담아보려고 합니다.

코스튬 플레이와 아카이빙

소잉 취미는 올드하고 때때로 지루하다는 편견 탓일까요. 어릴 때부터 지금까지 취미로 옷을 만들며 "어떻게 바느질을 오래 좋아할 수 있나요?"라는 질문을 자주 받았습니다. 내가 꾸준히 질리지 않고 새로운 것들을 끊임없이 만들며 아카이빙(Archiving)할 수 있던 이유는 '코스튬 플레이(Costume play)' 덕분입니다.

디즈니 애니메이션에 나오는 환상적인 옷에 몰두하다 보니 자연스럽게 커버 코스튬 플레이(코스프레)라는 취미에 관심을 두게 되었죠. 지금처럼 화보 촬영 과정에 대한 동영상 브이로그가 활성화되기 전, 코스프레 과정을 모르는 사람들은 코스프레 동호인에 대해 어딘가에 모여 만화 캐릭터를 연기하는 괴상한 비밀 집단을 상상하기도 했습니다. 예전과 달리 코스튬 플레이가 미디어에 자주 등장하고, 동영상 매체가 활발해지며 '커버'나 '코스프레'라는 단어가 낯설지 않게 된 지금도 대중에게 코스프레란 '만화나 게임을 따라 하는 것' 정도의 단편적인 이미지만 남아 있는 것 같습니다.

많은 사람이 코스프레를 만화와 게임 속 인물의 가장(假裝)으로 접하긴 하지만, 말 그대로 옷(코스튬)을 가지고 할 수 있는 모든 놀이와 창작 활동(플레이)을 코스프레라고 생각합니다. 이 취미의 카테고리는 광범위해서 기존 콘텐츠에서 튀어나온 것처럼 똑같은 이미지를 재현하는 데 집중하는 사람도

Prologue

있고, SAIDA처럼 기존 콘텐츠를 조금씩 변형하는 데 재미를 느끼는 사람이 있는가 하면 화보 촬영 대신 의상이나 사진만으로 콘텐츠를 재해석하고자 하는 사람도 있습니다.

가장의 범위를 어디까지, 어떻게 즐기는지는 각자 다르지만 코스프레의 재미는 내가 직접 참여하여 좋아하는 콘텐츠를 오마주한 새로운 창작물을 만들 수 있다는 점입니다. 사람들의 오해와는 다르게 코스프레를 즐기는 동호인 대부분은 가상의 캐릭터와 자신을 혼동하지 않습니다. 만화책 속 아이언맨이 수많은 리디자인과 재해석을 거쳐 세련된 수트를 입은 로버트 다우니 주니어로 재현된 것처럼, 실제 코스프레의 기획 과정은 영화를 준비하는 과정과 비슷합니다. 재미도 그 과정에 있죠.

직접 가장할 콘텐츠를 선정한 다음 의상과 세트를 재현하고, 연출하고자 하는 장면이나 분위기를 현실의 메타포로 압축합니다. 이것을 한 장의 사진에 담기 위해 친구들과 서로의 아이디어를 공유하고 실행하죠. 나와 친구들은 감독이 되어 이 프로젝트의 기획부터 의상·배우·촬영·편집까지 주도할 수 있습니다. 이렇게 좋아하는 콘텐츠를 가지고 주도적으로 창작할 수 있는 취미가 또 있을까요.

처음에는 가상의 이미지를 재현할 수 있다는 것 자체가 즐거웠지만, 더욱더 자연스럽고 인상적인 화보를 구상하는 데 재미를 붙였습니다. 친구들과 국내외 명소를 돌아다니며 내가 만든 옷의 모델이 되었고, 우리의 아이디어를 모아 한 장의 화보로 완성했습니다. 이 취미 덕분에 내가 만든 옷들은 단발성의 이벤트 아이템이 아닌 나 자신을 표현하는 하나의 포트폴리오로 기록될 수 있었습니다.

무언가를 좋아하기는 쉽지만, 그 좋아하는 마음을 꾸준히 이어가기는 쉽지 않습니다. 하지만 매번 다른 결과물을 창작할 수 있는 취미에 빠지고 나니 의욕이 줄어드는 일은 없었어요. 대학에서 독일어를 전공하면서도 시간이 날 때마다 동대문종합시장에 들러 주말엔 몇 벌이 되었든 옷을 만들고 사진을 찍었습니다.

비현실적인 디자인들을 현실에 있는 직물로 재현하는 과정에서 재료나 기법에 한계는 없었습니다. 기성복에 한정할 필요가 없으니 되려 독특한 원단을 어떻게 하면 더 자연스럽고 센스 있게 배치할지, 특이한 모양을 어떻게 하면 쉽게 만들지 탐구하는 재미에 푹 빠졌습니다. 온갖 재료로 옷을 만들며 놀다 보니 어느새 어려운 테크닉을 대체하는 간단한 방식과 생략해도 괜찮은 영역을 이해하게 되었습니다.

좋아하는 만화나 애니메이션뿐 아니라 소설과 영화, 고전과 철학, 심지어 현대의 유행과 여러 시대의 복식까지 모두 창작의 아이디어가 되어주었습니다. 그러면서 더욱 나만의 감각이 담긴 콘텐츠를 만들고 싶다는 생각이 들었어요. 완벽한 커버보다 나의 해석을 중점적으로 화보에 남기기 시작했더니 사람들이 기억하기 시작했습니다.

좋아하는 일을 꾸준히 하고 있었을 뿐인데, 세상의 미덕이 달라졌습니다. 몰입을 부끄러워하고 지양하던 과거와는 다르게 개성과 캐릭터성을 드러내는 시대가 온 것입니다. 주말마다 직접 만든 옷을 들고 화보를 연출하는 나의 '부캐'가 더욱 주목받기 시작했죠. 놀랍게도 실사로 재현한 화보가 인터넷에서 유명해져 해외 행사에 초청받아 사인회도 하고, 팬 미팅을 진행하기도 했습니다.

옷으로 '덕질'하는 나의 '부캐'를 계속해서 사람들에게 공유하고 작업물을 기록하는 것이 매력적인 활동이 된 2019년, 앞으로의 작업을 더욱 자세하게 아카이빙하고 싶다는 생각에 제작 과정과 촬영기를 영상으로 기록해 유튜브에 공개했습니다. 평일엔 각 분야에서 커리어를 쌓다가 주말에 함께 전국을 활보하며 화보를 촬영하는 나와 친구들의 영상 일기는 감사하게도 수십만이 넘는 조회 수를 기록하며 뜨거운 관심을 받았습니다. 그렇게 어느 순간, 나의 '부캐'는 크리에이터 SAIDA가 되었습니다.

예쁜 옷 만들기

굳이 직접 만들 필요 없이 이미 잘 만들진 옷을 어디서나 염가에 구할 수 있는 시대라지만, 이 시대를 역방향으로 관통하는 취향도 있습니다. 르네상스의 우아함과 로코코 시대의 화려한 디자인, 풍성한 크리놀린 드레스나 깔끔한 리젠시 드레스 등은 언제 봐도 눈이 즐겁거든요. 근현대의 아이코닉한 디자인들은 매번 유행으로 다시 돌아와 클래식은 영원하다는 문구를 되새기게 합니다.

옷 만들기를 시도하고자 하는 사람들은 모두 마음에 품고 있는 디자인이 있습니다. 심플한 디자인이지만 아낌없이 좋은 원단으로 오롯이 나를 위해 만들어진 옷, 특별한 날을 위한 세상에 하나뿐인 드레스, 좋아하는 모티프를 살짝 섞은 원피스 등… 내 맘에 꼭 맞는 상상 속 '예쁜 옷'이 눈앞에 아른거리면 결국 직접 바늘을 들 수밖에 없습니다.

디자인의 복잡함과는 상관없이 옷을 만든다는 것 자체가 품이 꽤 들어가는 작업입니다. 개중에서도 '예쁜 옷'을 만들려면 테크닉과 지식이 많이 필요합니다. 명품 브랜드의 오트 쿠튀르 제작 비디오를 보고 있자면 난생처음 들어보는 용어와 기법을 활용해가며 평면의 이미지를 완벽한 입체로 만들어내고 있습니다. 마감법이나 봉제, 세탁법은 뭐가 그리 복잡하고 특이한 단어들을 쓰는지, 보면 볼수록 옷 만들기는 가볍게 뛰어들어 놀기엔 허들이 높은 분야처럼 보입니다.

찾고자 하는 정보들이 차고 넘치는 세상인데, 간단하게 옷을 만드는 방법들은 아직까지 존재하지 않는 것만 같습니다. 하지만 우리는 숙련된 기술자가 아니니 완벽할 필요는 없습니다. 소잉에 필요한 모든 지식을 처음부터 끝까지 알지 않아도, 세세한 단계들을 모두 진행하지 않고도, 간단하고 재미있는 방식으로 충분히 예쁜 옷을 만들 수 있습니다. 중간에 일어나는 작은 실수나 내 눈에만 띄는 어설픔마저도 내가 만든 옷에 대한 애착을 높여주는 비밀이 되니까요.

옷 만들기에는 정답이 없는 것 같습니다. 디자인이 같더라도 만드는 방식은 사람에 따라 천차만별

이니까요. 이 책에는 여타 실용서와는 다르게 내가 직접 부딪혀가며 익힌 간단한 제작법으로 만들 수 있는 로맨틱한 디자인을 가득 담아보았습니다. 낯설거나 어려운 용어들을 조금 더 직관적으로 설명하고 같은 모양의 옷을 만드는 데도 여러 제작법을 시도했습니다. 다양한 기법으로 옷을 만들다 보면 나와 가장 잘 맞는 방식을 찾을 수 있죠. 디자인 또한 빅토리아 시대의 룩을 현대적인 아이템과 섞기도 하고, 일상 아이템에 감성을 담을 수 있는 팁도 잔뜩 기록해보았습니다. 부디 여러분의 바느질에 활력을 주는 디자인이길 바랍니다.

처음부터 완벽할 필요는 없습니다. 처음은 재미있게 하나하나 만들고 작품들과 함께 나의 모습을 기록해보세요. 그렇게 기록한 매 순간은 여러분에게 멋진 추억을 가져다줄 것입니다.

Contents

Prologue
어느 날 크리에이터 SAIDA가 되었습니다 … 4

Chapter 0
함께 만들 준비를 해요, 만들기의 기초
- 01 재료 구매처와 원단 알아보기 … 18
- 02 기본 도구 … 22
- 03 재봉틀 … 25
- 04 기초 바느질 용어 … 28
- 05 패턴을 이해하고 활용하기 … 32
- 06 부분 봉제법 … 36
- 07 단추와 지퍼 … 39
- 08 디테일 만들기 … 42

Photo Essay
- 중세부터 현대까지, 상상을 현실로 만든 드레스들 … 48
- 내가 만든 옷과 함께한 이야기들 … 120
- 추억을 영화의 한 장면으로 … 172

Epilogue
나의 첫 레슨 북을 마무리하며 … 206

Chapter 1
작은 것부터 시작해봐요, 액세서리 Accessories

Accessories 01
리본 헤어밴드
Ribbon Headband

58

Accessories 02
보송보송 보닛
Fluffy Bonnet

64

Accessories 03
미니 포켓백
Mini Pocket Bag

68

Accessories 04
빨간 머리 앤 에이프런
Anne of Green Gables Apron

74

Chapter 2
감성 한 스푼 넣은 베이직 아이템 Basic Item

Basic Item 05
파자마 블라우스
Pajama Blouse

82

Basic Item 06
파자마 바지
Pajama Pants

90

Basic Item 07
스트레이트 라인 스커트
Straight Line Skirt

96

Basic Item 08
투웨이 하이넥 블라우스
Two-way High-neck Blouse

102

Basic Item 09
스퀘어넥 퍼프 블라우스
Square Neck Puff Blouse

108

Basic Item 10
머메이드 프릴 밴딩 스커트
Mermaid Ruffle Banding Skirt

114

Chapter 3
하루를 빛내주는 데일리 드레스 Daily Dress

* Daily Dress 11 *
로맨틱 뷔스티에 드레스
Romantic Bustier Dress

128

* Daily Dress 12 *
스포티 아노락 원피스
Sporty Anorak Dress

136

* Daily Dress 13 *
하이넥 리본 원피스
High Neck Ribbon Dress

144

* Daily Dress 14 *
체리 퍼프 프릴 드레스
Cherry Puff Ruffle Dress

150

* Daily Dress 15 *
클래식 핀턱 원피스
Classic Pintucked Dress

160

* Daily Dress 16 *
모던 스퀘어넥 원피스
Modern Square Neck Dress

166

Chapter 4
특별한 나를 위한 스페셜 드레스 Special Dress

Special Dress 17
빅 칼라 비숍소매 드레스
Big Collar Bishop Sleeve Dress

180

Special Dress 18
앤틱 레이스 요크 배색 드레스
Antique Lace Yoke Color Matching Dress

186

Special Dress 19
로맨틱 라운드 요크 드레스
Romantic Round Yoke Dress

192

Special Dress 20
빈티지 스타일 웨딩드레스
Vintage Style Wedding Dress

200

일러두기
일부 작품은 이해를 돕기 위해 완성 작품과 다른 색상의 천을 사용하여 만드는 과정을 설명하였습니다.

Chapter 0

함께 만들 준비를 해요, 만들기의 기초

옷 만들기에 관심이 생겼다면 이제 드디어 준비할 시간입니다.
옷을 만드는 데 필요한 준비물과 바느질 기법을 하나하나 살펴보겠습니다.

01 재료 구매처와 원단 알아보기

원단은 옷을 만들 때 필요한 기본 재료입니다. 온·오프라인 매장에서는 다양한 원단을 판매하고 있습니다. 온라인에서는 다양한 원단을 한 번에 볼 수 있고, 후기나 샘플 사진 등을 이용해 적절한 활용처와 두께 등을 확인할 수도 있어 편리합니다. 다음의 정보를 확인하면 더욱 적절한 재료를 고를 수 있습니다.

(원단 정보 표기)

수   원단에 기재되어 있는 20수, 30수 등은 어떤 굵기의 실로 원단을 짰는지를 나타내는 수치입니다. 숫자가 클수록 얇은 실을 사용한 원단으로 얇고 부드럽습니다. 수가 같아도 원단별로 혼용률·가공법 등에 따라 두께가 달라지므로 작품에 적절한지 원단별로 샘플을 잘 확인하고 구매하는 것이 좋습니다. 예를 들어 10수 컨버스는 각 잡힌 캔버스백에 적절한 두께이고, 10수 면은 겨울 티셔츠 정도의 두께입니다.

선염   원단을 직조하기 전에 실 상태에서 염색했다는 뜻입니다. 선염으로 물들인 원단이나 레이스는 견뢰도가 강해 물빠짐이 덜합니다.

날염·나염   날염지와 나염지는 직물에 무늬나 색을 프린트한 것을 말합니다. 원단 직조 후 무늬를 인쇄해 앞면과 뒷면의 구분이 수월합니다.

워싱   워싱 원단은 한 번 세탁된 원단입니다. 자연스럽게 주름이 져 있는 것이 특징으로 섬유 분해 효소를 넣고 고온에서 삶아 원단 표면의 잔여물을 정리하는 바이오 워싱 등이 있습니다. 풀이나 모래로 데님 원단 표면을 긁어내어 멋스럽게 마모된 느낌을 만들기도 합니다. 바이오 워싱 처리된 원단은 세탁 후에도 수축이나 변형이 일어나지 않아 작품을 만들면 예쁜 모양을 오래 유지할 수 있습니다. 선세탁이 번거롭거나 모양 틀어짐이 걱정된다면 워싱 원단을 사용하는 것이 좋습니다.

〔 재료 구매처 〕

대형 원단 쇼핑몰   패션스타트(www.fashionstart.net)나 천가게(www.1000gage.co.kr) 등의 대형 원단 쇼핑몰은 매일 새로운 원단을 업데이트하고 있습니다. 커뮤니티와 후기도 활발해 소잉 마니아의 다양한 작품을 함께 확인할 수 있습니다. 사진과 더불어 샘플·혼용률 등을 꼼꼼하게 기재해놓아 인터넷으로도 원단을 파악하기 어렵지 않습니다.

SAIDA's 스마트 스토어   사이다가 운영하는 스마트 스토어로 수록 작품을 만들 때 사용한 원단을 비롯해 브랜드용 고급 원단을 소량씩 입고하고 있습니다. 자체 제작한 옷본과 드레스를 만들 때 활용하기 좋은 포인트용 레이스 원단 등을 구매할 수 있습니다.

동대문종합시장   지하철 1호선 동대문역 9번 출구에서 가까운 동대문종합시장은 패션에 필요한 모든 재료를 유통하는 국내 최대의 시장입니다. 층별로 판매하는 원단이 다르고, 실제 원단을 보고 직접 구매할 수 있습니다. 그러나 대부분 매장이 기업체를 대상으로 운영해 개인에게 판매하지 않기도 합니다. 매일 수천 마를 오가는 바쁜 주문에 종종 소매에 냉랭하고 퉁명스럽게 느껴지기도 하지만, 이 분위기에 익숙해지면 이만큼 재미있는 시장도 없습니다.

TIP   매대 앞에 '스와치'라고 부르는 원단 샘플을 이용해 매장 정보와 원단 이름, 혼용률, 크기, 컬러 등을 한 번에 확인할 수 있습니다. 주문할 때는 '원단 이름 → 컬러 번호(원하는 색의 원단이 철 된 순) → 수량 ○○마 올려주세요'라고 말하고 자신의 브랜드 네임을 말하면 주문한 원단을 건네받을 수 있습니다.

TIP   원단은 오전과 오후에 한 번씩 창고에서 올라오므로 전날 오후나 당일 오전에 전화해서 주문하고 매장에서 픽업하는 것이 좋습니다. 오전과 오후 차가 올라오기 전에 주문해야 당일에 가져갈 수 있으니 주의하세요. 물론 매장에 원단을 두고 판매하는 곳에서는 바로 픽업할 수도 있습니다.

근래 창고를 지방으로 옮긴 매장이 늘어나 소량 개인 구매가 조금 더 어려워졌습니다. 불편한 쇼핑을 피하고 싶다면 매장에 원단 롤들을 쌓아두고 판매하는 가게 위주로 돌아보는 것도 방법입니다. 제가 자주 방문하는 곳이면서 개인 구매가 어렵지 않은 매장을 소개합니다.

B동 레이스 매장   B동 2층에는 레이스 부자재와 다양한 망사 직물을 판매하는 매장이 모여 있습니다. 소량도 구매가 가능할 뿐 아니라 직조가 다른 모양의 레이스를 보고 있으면 시간이 순식간에 흘러갑니다. 매장을 정해 들르기보다는 전체적으로 둘러보며 마음에 드는 디자인을 찾아보는 게 좋습니다.

B동 2327호 코코나리   화려한 드레스를 만들 때 쓰기 좋은 비딩, 스팽글레이스 원단을 판매하는 매장으로 짜임이나 디테일별로 가격대가 다양합니다. 염색비를 추가로 내면 염색이 가능한 재질은 원하는 색으로 작업 가능합니다.

B동 5066호 리본-태 홈패션으로 활용하기 좋은 다양한 리본을 판매하는 매장. 고급 재질이나 특이한 수입 리본이 많아 시즌마다 어울리는 리본 부자재를 찾는 재미가 있습니다.

B동 5215-5216호 / 4018-4020호 해피퀼트 특이하고 질 좋은 퀼트 원단을 판매하는 매장. 빨간 머리 앤 등의 라이선스 캐릭터 원단부터 이국적인 느낌이 물씬 풍기는 패브릭, 깔끔하고 단단한 무지 면까지 다양한 스타일의 원단을 취급합니다.

C동 1110호 와이제이 드레스와 코스튬을 만드는 사람들 사이에서는 이미 유명한 곳! 스판 공단과 무늬가 예쁜 자카드를 판매합니다. 가격은 저렴하지만, 광택이 고급스럽고 모양이 예쁘게 떨어지는 드레스를 만들 수 있습니다.

D동 1778호 예천상사 D동 1층 계단 바로 앞에 있는 매장입니다. 미싱 부자재부터 마감재까지 대부분의 부자재를 취급합니다. 카드 결제와 앱 결제, 인터넷(http://ye-cheon.co.kr) 주문도 가능합니다.

D동 2683호 은풍안감 심지와 안감을 취급하는 매장으로 다양한 색상과 종류의 안감을 보유하고 있고, 대부분 당일 수령이 가능합니다. 은풍안감 근처에 단추나 다른 원단을 판매하는 곳이 붙어 있어 필요한 부자재를 찾기 수월합니다.

D동 3-157호 바림직물 감성적인 패턴과 촉감이 좋은 거즈 원단 등 홈웨어를 만들 때 쓰기 좋은 예쁜 원단이 많은 매장. 원단을 롤의 형태로 전시해놓아 대부분 바로 픽업할 수 있습니다. 특히 통기성과 몸에 닿는 착용감이 좋은 4중 요루 거즈 원단은 보송한 두께로 마무리되어 있어 파자마를 만들기에 좋았습니다. 동대문에 갈 때마다 한 번씩 들르는 곳입니다.

5층 액세서리 부자재 매장 별천지처럼 반짝이는 액세서리 부자재들을 판매하는 5층에는 체인과 펜던트는 물론 코사지와 리본까지 옷의 디테일을 업그레이드해줄 보물이 많습니다. 중심 매장뿐 아니라 가외에 꾸려진 매장에도 특이한 리본이나 가방걸이, 빈티지 스타일의 패치나 웨딩 코사지들이 숨어 있습니다. 특히 신진(A동 5015호)은 여러 모양의 리본 코사지나 헤어 액세서리 등을 판매하는데, 만든 옷에 이것만 하나 달아도 완성도가 높아집니다. 좌우 매장에도 체인이나 리본 등 다양한 포인트 부자재가 많으니 죽 돌아보며 마음에 드는 재료를 찾아보는 것을 추천합니다.

02
기본 도구

패턴 옮기기, 재단과 봉제까지 옷을 만들기 위해서는 다양한 재료가 필요합니다. 소도구를 전부 구비할 필요는 없지만, 부자재를 이용하면 한결 편하게 옷을 완성할 수 있습니다.

(기본이 되는 도구)

❶ 그레이딩자 50~60cm 투명 모눈자(또는 선이 그려진 방안자). 패턴을 베껴 그리거나, 일정한 간격 또는 시접으로 선을 그을 때 편리합니다.

❷ 문진 재단 시 패턴이나 원단이 움직이지 않도록 눌러주는 도구. 따로 구매하지 않고 주변의 무게감 있는 물건을 활용해도 OK. 저렴하게 판매하는 문진은 납으로 제작한 경우가 많으니 꼭 원단 등으로 커버를 만들어 감싸야 합니다.

❸ 바늘 버클이나 단추 고정 등 손바느질이 필요할 때 쓰는 바늘은 여러 두께와 길이로 준비합니다.

❹ 시침핀 & 클립 재단 및 재봉 시 원단을 임시 고정할 때 사용하는 핀. 바늘이 얇고 예리할수록 고정하기가 수월합니다. 종종 시침핀 위로 다림질할 때도 있으니 머리 부분이 녹지 않는 재질을 고릅니다. 클립을 사용해 고정하기도 합니다.

❺ 실 원단을 박을 때 사용하는 봉제용 실. 원단 두께와 재질에 따라 알맞은 종류를 써야 합니다. 한복에 쓰는 견사, 니트 재질에 쓰는 니트사, 오버로크용 날라리사 등 종류가 다양합니다. 일반 봉제사로도 제작에 무리가 없지만 자주 입을 옷을 단단하게 바느질하고 싶다면 잘 끊어지지 않는 코아사를 추천합니다.

❻ 실뜯개 바늘땀을 뜯어내거나 단춧구멍을 뚫을 때 쓰는 도구.

❼ 심지 한쪽 면에 풀이 발라져 있어 다림질로 원단에 붙여 사용합니다. 힘이 들어가야 하는 부분이나 모양이 흘러내리는 원단을 잡아주는 역할을 합니다. 다양한 두께와 재질이 있으며 필요한 두께에 따라 알맞은 심지를 고릅니다. 열에 약한 원단은 심지를 붙이면 크기가 줄어들기도 하므로 변형이 없는지 작은 조각 위에 심지를 다려서 테스트해보는 것이 좋습니다. 의류용으로는 대부분 실크 심지를, 적절한 부분에 면이나 모자 심지, 코트 심지 등을 사용하기도 합니다. 허리벨트 두께에 맞게 잘라놓은 허리 심지나 다대테이프를 사용하면 각 부분의 완성도를 더욱 높일 수 있습니다.

❽ 재단가위   원단을 자를 때 사용하는 가위입니다. 재단가위는 날이 날카로워 직물이 예리하게 잘립니다. 단, 원단 외의 것을 자르면 쉽게 날이 상하니 주의하세요. 가위 대신 원형 커터를 사용하기도 합니다(이 책에서는 사용하지 않습니다).

❾ 종이가위 & 커터칼   종이에 옮겨 그린 패턴을 자를 때, 원단 외 고무밴드나 리본끈 등의 부자재를 정리할 때 사용합니다.

❿ 쪽가위   실을 잘라낼 때 쓰는 작은 가위. 세밀하게 짜인 레이스를 잘라낼 때도 유용합니다.

⓫ 초크   원단에 패턴을 옮겨 그리는 데 쓰는 도구. 추천하는 초크로는 물에 지워지는 '수성펜', 다림질하면 지워지는 '초자고'(초로 만들어져 열을 가하면 녹습니다), '열펜' 등이 있습니다. 일부 '초크펜슬'은 지워지지 않는 것도 있으니 반드시 열이나 물에 잘 지워지는지 먼저 확인해보세요.

⓬ 패턴지   종이 패턴의 선을 베껴 그릴 수 있을 만큼 반투명하고, 구김이 잘 가지 않는 부직포를 주로 사용합니다.

(있으면 유용한 도구)

⓭ 고무줄 끼우개 & 옷핀   고무밴드를 끼울 때 사용하는 도구. 옷핀으로도 대체할 수 있습니다.

⓮ 루프 뒤집개   천 루프나 길게 봉합한 원단을 뒤집을 때 사용하는 뒤집개.

⓯ 바이어스 메이커   일정한 폭의 바이어스를 만들 수 있도록 도움을 주는 도구. 바이어스 메이커 폭에 맞춰 자른 원단을 통과시켜 다림질합니다.

먹지 & 룰렛   먹지를 원단과 패턴 사이에 끼우고 룰렛으로 선을 따라 밀면 쉽게 패턴을 옮겨 그릴 수 있습니다. 완성선이 표시되지 않은 반대편 옷감에 선을 베낄 때 유용합니다(이 책에서는 사용하지 않습니다).

시접자   시접 부분을 균일한 폭으로 표기하거나 정리할 때 도움을 주는 도구. 열에 강한 아이론 시접자는 시접을 균등하게 맞춰 다림질할 때 수월합니다(이 책에서는 사용하지 않습니다).

03 재봉틀

취미를 즐길 때 필요한 기능에 맞춰 적절한 기기를 준비한다면 더욱 즐거울 거예요. 손바느질로도 옷을 만들 수 있지만, 재봉틀이 있다면 비교도 안 될 만큼 수월하게 단단한 바느질을 할 수 있습니다. 기본 봉제 기능과 지그재그 기능만 있어도 옷을 만드는 데 문제가 없는 데다가 노루발을 교체하면 지퍼나 단추, 레이스 등도 봉제할 수 있습니다. 재봉틀에 단춧구멍이나 자수 등 다양한 스티치가 있다면 활용도는 더욱 높아집니다.

[재봉틀 종류]

가정용 재봉틀 여러 겹의 원단을 겹쳐 봉제해도 바늘땀이 고르게 잘 나오면서 소음과 진동이 적은 제품이 좋습니다. 기본 재봉 기능과 더불어 지그재그, 단춧구멍 스티치가 있는 제품을 사용하면 더욱 다양한 의류를 만들 수 있습니다. 최근에는 오버로크 스티치부터 자동 사절, 자동 되돌아박기, 단추 달기, 자수까지 여러 기능이 있는 올인원 미싱을 많이 출시하고 있어, 관심과 용도에 따라 다양한 제품을 둘러보고 선택하는 것을 추천합니다.

공업용 재봉틀 가정용에 비해 월등히 빠르고 단단한 바느질이 가능합니다. 무소음 모터를 장착하면 진동과 소음이 거의 없어 가정집에서도 충분히 활용할 수 있습니다. 가정용 재봉틀의 스티치 등이 포함되어 있지 않고, 오직 기본 재봉만 가능합니다. 면적이 넓은 옷을 주로 만들거나 작업량이 많다면 공업용 재봉틀을 추천합니다.

오버로크 재봉틀 원단 가장자리를 마감하는 재봉틀. 오버로크 재봉틀이 있으면 작품의 완성도와 제작 속도가 확연히 올라가므로 꾸준히 홈패션을 즐길 예정이라면 구비하는 것을 추천합니다. 칼이 달려 있어서 원단 가장자리를 자르며 감싸주는 기종이 좋습니다. 오버로크와 인터로크 둘 다 있는 제품이 있는데, 인터로크 기능은 오버로크보다 얇고 촘촘하여 시폰이나 노방 등 얇은 원단의 가장자리 또한 깔끔하게 마무리할 수 있습니다.

메인 재봉틀(Brother S7100A-403)   자동 사절 기능이 있는 공업용 재봉틀에 무소음 모터를 달아서 사용하고 있습니다.

보조 재봉틀(Brother NV180D)   기본 봉제 작업은 위의 공업용을 이용하고, 보조 가정용 재봉틀로 단춧구멍이나 자수 등 다양한 스티치를 추가해 완성합니다. 물론 공업용 재봉틀 없이 이 기종 하나만으로도 옷을 완성할 수 있습니다.

오버로크 재봉틀(Elna 664 Pro)   오버로크와 인터로크를 할 때 쓰는 기기. 칼날이 달려 있어서 가장자리를 깔끔하게 자르며 실로 감싸줍니다.

〔 재봉틀 사용법 〕

윗실과 밑실을 순서와 위치에 맞춰 끼우고 페달을 밟으며 박습니다. 페달을 누르는 힘에 따라 봉제 속도가 달라집니다. 자투리 원단 등으로 충분히 연습하고 만들기에 들어가는 것이 좋습니다. 바늘땀이 엉키는 원인은 대부분 실을 잘못 끼웠거나 북집에 이물질이 들어가서 그렇습니다. 박음질에 문제가 생기면 윗실과 밑실이 제대로 끼워졌는지, 침판 밑 북집과 밑실 자리에 이물질이 들어가지는 않았는지, 노루발을 제 위치에 내려서 박았는지 등을 확인합니다.

침판   침판에 새겨진 모눈이나 노루발의 간격을 이용하면 일정한 간격으로 봉제하는 데 유용합니다. 특히 공업용 재봉틀은 1mm, 5mm 등 일정한 간격을 봉제하는 데 도움이 되는 노루발로 교체할 수 있습니다. 침판 위에 원하는 간격으로 마스킹테이프 등을 붙이고 따라서 봉제하는 식으로도 활용할 수 있습니다. 침판의 모양과 폭은 각 재봉틀 기종마다 조금씩 상이합니다.

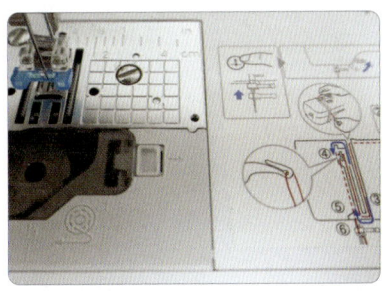

모눈과 함께 윗실, 밑실 끼우는 법이 그려져 있는 가정용 재봉틀 침판.

인치 선만 표시되어 있는 공업용 재봉틀 침판.

침판 활용법

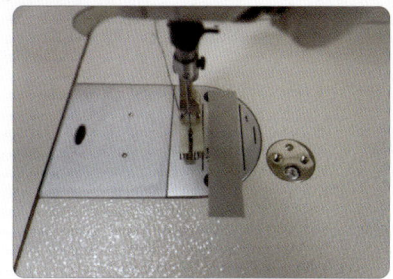  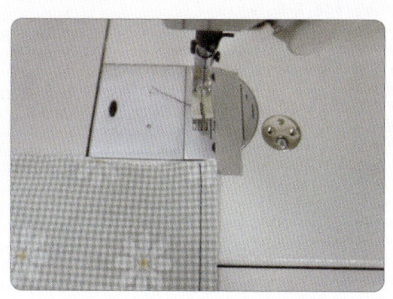

1. 바늘을 기준으로 원하는 간격만큼 떨어트려 마스킹테이프를 길게 부착한다.

2. 봉제선의 테두리를 마스킹테이프에 맞춰가며 재봉한다.
   - TIP 시접 여분에 맞춰 마스킹테이프를 붙이면 봉제선에 고르게 바느질할 수 있다.
   - TIP 두께감 있는 폼 스티커를 붙여도 좋다.

3. 일정한 간격으로 바느질한 모습. 완성선을 표시하지 않은 원단 뒷면을 재봉할 때 활용할 수 있다.

바늘

재봉틀 바늘은 호수가 작을수록 가늘어지고, 클수록 두꺼워집니다. 원단 두께와 소재에 따라 적절한 두께를 써야 바늘땀이 고릅니다.

바늘	원단
9호	새틴·노방·면 등 얇거나 보통 두께의 원단
11호	울이나 데님, 도톰한 면 등 보통~두꺼운 두께감의 원단
14호	도톰한 울이나 트위드, 여러 겹의 원단 등 단단한 바늘이 필요한 두꺼운 원단

04 기초 바느질 용어

시접

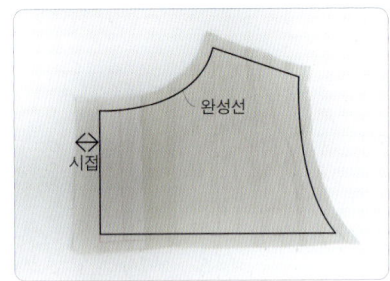

완성선부터 원단 가장자리까지의 폭을 의미한다. 이 여분을 남겨두어야 천을 봉합할 수 있다. 필요한 시접 폭(시접양)은 위치마다 다르지만, 일반적으로 1~1.5cm의 여유분을 남겨두고 제도한다. 소매나 치마 밑단 등 접어박아 마감하는 부분은 접혀 들어가는 부분만큼 충분한 시접양이 필요하다.

시침질

재봉하기 전 핀이나 땀이 큰 바느질로 임시 고정하는 과정. 시침질을 하면 바느질이 뒤틀리거나 길이가 맞지 않는 경우를 방지할 수 있다.

솔기

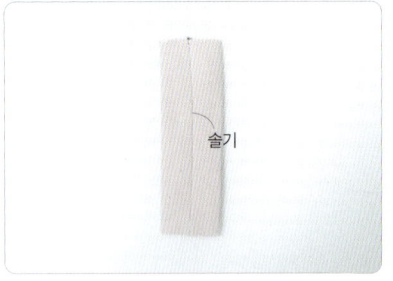

원단과 원단을 봉합했을 때 생기는 선을 의미하는데 절개선이라고도 부른다.

패턴(옷본)

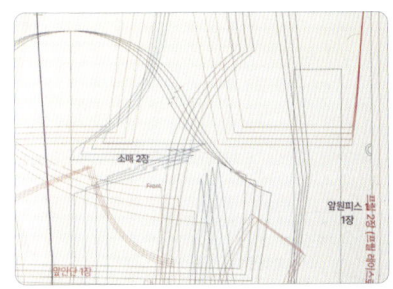

작품을 만들기 위한 본으로 설계도와 비슷하다. 종이에 그려진 각 부분을 원단에 옮겨 그린 다음 잘라낸 조각을 바느질로 연결해 옷으로 완성한다.

가위집

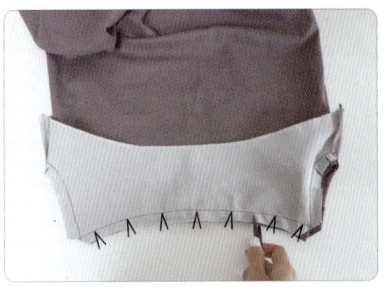

가위를 이용해 천 끝부분을 잘라내는 것을 의미한다. 곡선을 봉합한 다음 뒤집을 때 자연스러운 모양을 만들기 위해 가위집을 넣기도 한다. 완성선의 바느질을 침범하지 않도록 유의하며 시접 부분만 잘라낸다. 위치를 맞춰 바느질해야 하는 부분을 표시하는 맞춤 표시(너치)로 활용하기도 한다.

되돌아박기

실이 풀리지 않도록 바느질 시작과 끝에 3~5땀 정도를 겹쳐 재봉하는 방식이다. 재봉틀 후진 기능을 이용해 앞뒤로 왔다 갔다 하며 바늘땀을 겹쳐 고정한다.

마름질(재단)

패턴을 따라 원단을 자르고 필요한 기호를 표시하는 모든 과정을 의미한다.

상침

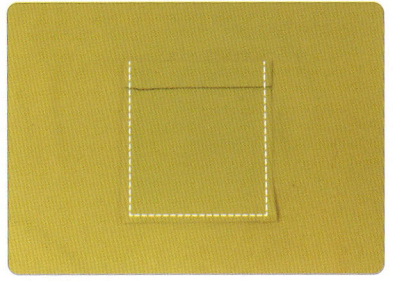 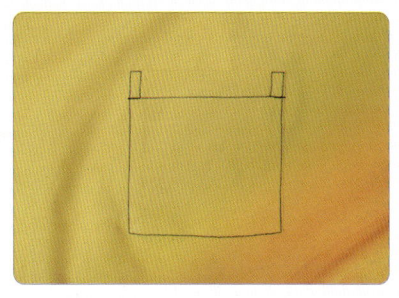

1. 상침은 실이 드러나도록 겉에서 바느질하는 방법이다.

2. 솔기를 위에서 한번 더 눌러박아 튼튼하게 하거나 재봉선을 장식 요소로 활용하기도 한다.

창구멍

1. 창구멍은 연결한 원단을 뒤집기 위해 재봉하지 않고 남겨두는 부분이다.

2. 양쪽에서 재봉 후 창구멍을 통해 겉면이 보이도록 뒤집는다.

3. 뒤집은 후 창구멍을 공그르기 혹은 상침으로 막은 다음 다려서 정리한다.

시접 마감(가름솔)

1. 가름솔은 시접을 양 옆으로 갈라 다림질하여 정리하는 마감법이다.

2. 주로 어깨나 옆솔기 시접을 처리하는 데 사용한다.

밑단 마감 ① 한 번 접어박기

밑단을 오버로크 후 한 번 접어박아 마감하는 방식이다.

밑단 마감 ② 두 번 접어박기

밑단을 두 번 접어 마감하는 방식. 가장자리가 안쪽으로 접혀들어가 오버로크 기기 없이도 깔끔한 마감이 가능하다. 접히는 두께를 다르게 하여 장식 요소로 활용할 수도 있다. 사진은 1cm와 5cm로 두껍게 두 번 접어박은 밑단이다.

오그리기 (또는 이세)

1. 소매산 부분을 오그리면 입체적으로 몸통과 소매를 연결할 수 있다. 바느질 시작 지점과 끝 지점에 실을 길게 빼 되돌아박기 없이 큰 땀으로 박음질하고 손으로 한쪽 실을 살짝 잡아당겨 가며 주름을 잡는다.

2. NG처럼 프릴과 같이 주름이 겹쳐지는 것이 아니라 소매 시접이 살짝 일어설 정도로만 당겨 조절하는 것이 포인트.

선세탁

바느질 작업에 들어가기 전 원단을 한 번 세탁해 정리하는 과정이 필요합니다. 직조로 만들어진 원단이나 다이마루 등은 세탁 후 수축이나 틀어짐이 있을 수 있기 때문에 제작 전 미리 세탁하면 수축을 최대한 방지하고 먼지를 털어낼 수 있습니다. 린넨 원단은 틀어짐이 심해 선세탁 후 다림질까지 반드시 요구되는 원단 중 하나입니다. 워싱 원단은 이 과정을 모두 마친 원단이므로 선세탁을 하지 않아도 되는 장점이 있습니다. 선세탁을 하면 안 되는 원단도 있으니 구매 전 확인하는 것이 좋습니다.

선세탁하는 법

 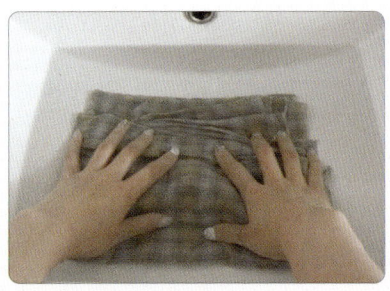 

1. 원단을 차곡차곡 접어 미지근한 물에 푹 잠기도록 3~6시간 정도 담가둔다.
  TIP 이염을 방지하기 위해 색이 있는 원단과 밝은 원단을 분리해 진행한다.

2. 가볍게 주물러 세탁한다.

3. 물기를 짜낸 원단을 탁탁 털어가며 널어 건조한다. 원단을 털면 실의 뒤틀림이 조금씩 보정된다.

4. 마른 원단을 다린 다음 작업을 시작한다.

TIP 선세탁을 하는 방식은 제작하는 사람마다 다양하다. 세탁기나 건조기를 활용하기도 하고, 선세탁 대신 스팀다리미로 스팀과 열을 가해 다리는 것으로 대체하기도 한다. 선세탁이 번거로워 세탁 후 줄어드는 것까지 고려해 작품을 한 사이즈 정도 크게 만들기도 한다. 본인의 작업 스타일에 맞는 방식으로 선세탁을 진행한다.

05 패턴을 이해하고 활용하기

제도 기호

패턴에 표기된 제도 기호를 소개합니다. 기호를 따라 재단하고 제작을 진행합니다.

기호명	기호	설명
완성선	│	작품을 완성했을 때의 선. 원단을 제도할 때 완성선 바깥으로 시접 여유분을 넣어 자른 다음 재봉합니다.
식서	↕	원단의 세로올 방향을 의미합니다. 대부분 원단이 감겨 있는 방향을 의미합니다.
주름	〜	해당 부분에 주름을 만들라는 의미입니다.
턱	╫	빗금의 높은 쪽에서 낮은 쪽으로 원단을 접어 핀턱 주름을 만들라는 의미입니다.
골선	┊	원단을 반으로 접어 재단할 때 원단의 접힌 등 부분에 맞추는 선. 골선 모양을 기준으로 재단한 패턴이 대칭됩니다.
맞춤점 (너치)	◇	원단이나 패턴 2장을 정확히 맞추기 위해 사용합니다. 이 책에서는 옷본을 이어 그릴 때 사용하는 맞춤 표시와 각 부분을 연결할 때 위치를 맞추기 위한 맞춤점을 삼각형(▼)과 짧은 직선으로 표기했습니다. 원단에 가위집을 내어 표시하기도 합니다.
바이어스 방향	✕	원단의 45도 대각선 방향입니다.
다트	▽	다트가 있는 부분을 맞접어 봉합하고 입체적인 형태를 만듭니다.
단추	⊕	단추를 다는 위치.
단춧구멍	I	단춧구멍을 만드는 위치. 수록 작품 중 일부는 단춧구멍 대신 단춧고리를 달아 여밈을 만들 수 있습니다.

원단 방향 이해하기

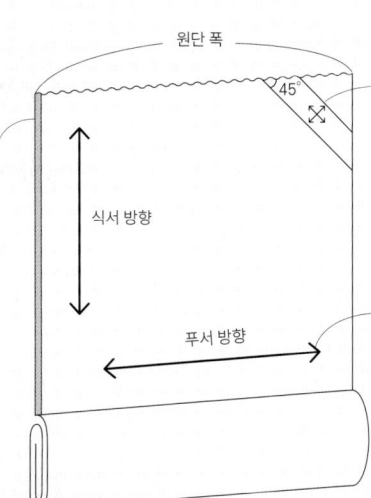

식서
올이 풀리지 않도록 정리된 원단 좌우의 가장자리를 말합니다. 식서 방향은 천이 잘 늘어나지 않아 주로 의상 패턴의 세로 길이가 됩니다. 원단에 따라 제조사명이 쓰여 있기도 합니다.

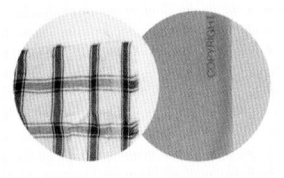

바이어스 방향
원단의 45도 대각선 방향. 잡아당겼을 때 원단이 가장 잘 늘어나 바이어스 리본 등을 만들어 활용하기 좋은 방향입니다.

푸서
원단의 가로실 방향으로 식서 방향에 비해 원단이 잘 늘어납니다. 주로 의상 패턴의 가로 방향이 됩니다.

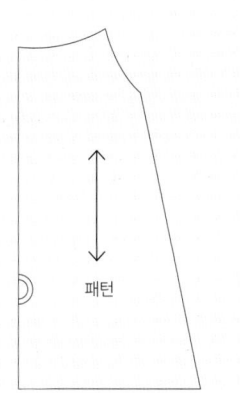

골선과 식서 방향 기호를 표시한 패턴

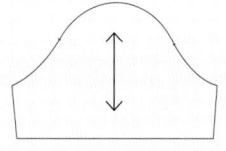

식서 방향 기호만 표시한 패턴

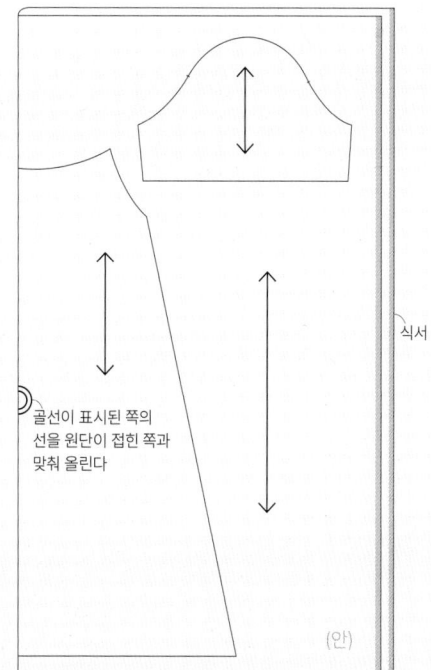

원단 겉면의 식서를 맞대어 접고 원단의 안쪽 면에 패턴을 표시된 방향에 맞춰 올려 대칭으로 2장을 재단합니다. 패턴에 골선이 있다면 원단이 접힌 부분의 등을 골선과 맞춥니다.

패턴 옮겨 그리기

※ 준비물 : 패턴지, 자, 형광펜, 연필, 가위나 칼 등.

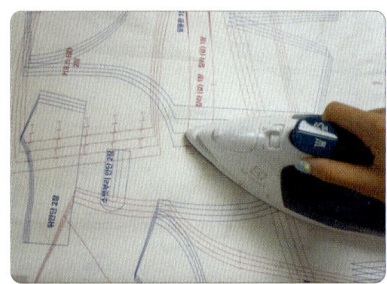

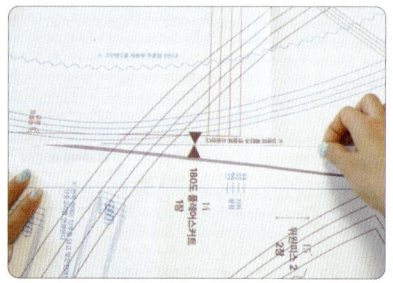

1. 부록의 패턴을 펼치고 가장 약한 열로 다림질해 접힌 부분을 편다.

2. 만들고자 하는 작품 패턴을 본인의 사이즈 선에 따라 형광펜 등으로 표시한다.

3. 2장이 이어져야 하는 부분들은 선을 맞춰 마스킹테이프 등으로 고정한다.

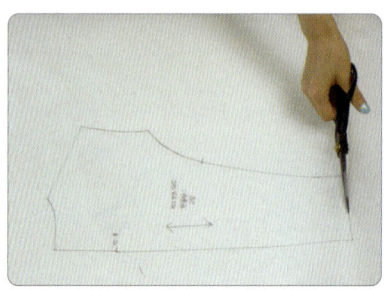

4. 패턴 위에 반투명한 패턴지를 올리고 표시한 선을 따라 자를 대고 베껴 그린다. 이때 모든 구성과 기호를 빠짐없이 베껴야 제작이 수월하다.

   TIP 필요한 경우 베낀 패턴의 기장을 원하는 대로 조절한다.

5. 가위로 패턴을 잘라낸다.

   TIP 하늘거리는 얇은 패턴지는 뒤에 종이를 덧대 붙이거나 힘이 있는 종이에 한 번 더 옮겨 자르면 패턴을 더욱 오래 활용할 수 있다.

재단하기

 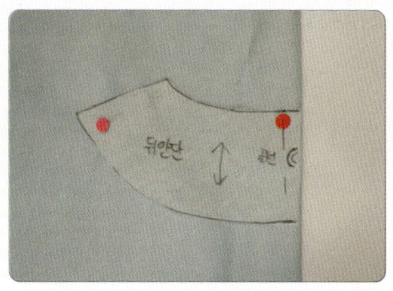 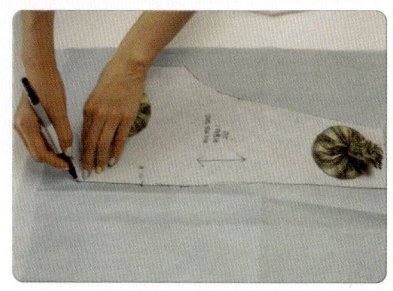

1. 원단 방향과 기호에 맞춰 천에 패턴을 올린다.

   TIP 대부분 원단의 양 끝 마감된 부분을 맞대 접은 다음 원단이 풀어지는 방향으로 패턴을 올린다. 소품은 원단 방향에 상관없이 재단해도 OK.

   TIP 골선 기호는 원단 접은 곳에 맞춰 올리고, 화살표 방향은 식서 방향을 뜻한다.

2. 패턴 위에 문진 등을 올리거나 시침핀으로 천에 고정한 다음 초크펜으로 따라 베낀다.

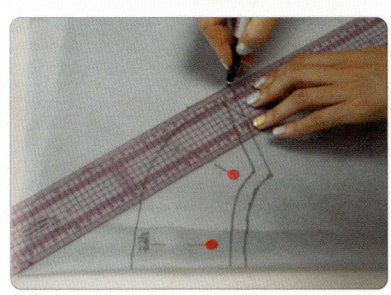 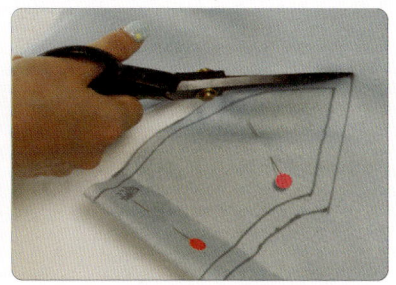

3. 작품 페이지의 재단 배치도를 참조해 필요한 시접 여분을 그린다. 이때 시접자 등을 활용하면 제도가 수월하다.

4. 바깥 선을 따라 재단가위로 잘라낸다.

   TIP 맞은편에도 동일한 시접선을 그리고 싶다면 먹지와 룰렛을 활용한다. 이 책에서는 선을 그리지 않고도 재봉틀의 침판을 이용해 일정 간격으로 박음질하는 법을 설명했다(재봉틀 침판 활용법 P.27).

06 부분 봉제법

이 책에 실린 수록 작품을 만들기 위해 필요한 봉제 기술을 소개합니다.

다트 넣기

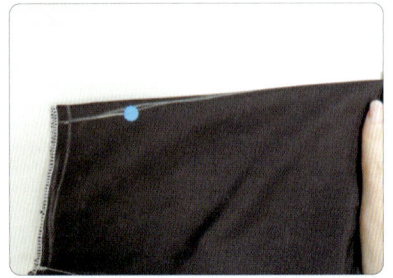

1. 다트를 넣을 부분의 원단을 겉끼리 맞대어 접고 선을 따라 박음질한다.

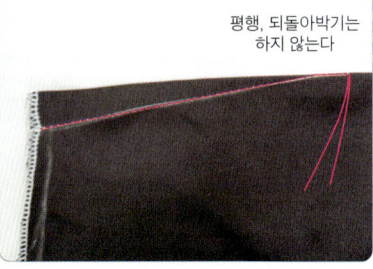

2. 모서리 끝은 접은 선과 평행이 되도록 0.5~1cm 박음질한 다음 실을 길게 빼서 자른다.

   TIP 다트 끝을 각지게 마무리해도 큰 문제는 없지만, 평행으로 마무리하면 실루엣이 더욱 예쁘다.

3. 다트 끝의 길게 자른 실을 두세 번 묶어서 매듭짓고 1cm 정도만 남겨 잘라낸다.

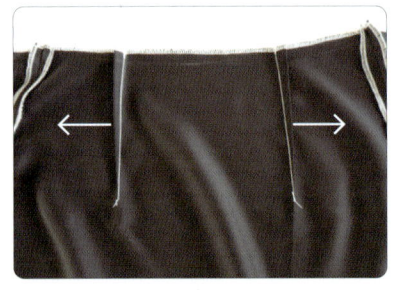

4. 다트 시접은 옆선을 향하도록 눕혀서 다린다.

칼라 연결하기

1. 겉칼라와 겉목둘레를 맞추고 박음질한다.

2. 시접을 칼라 안쪽으로 정리한다.

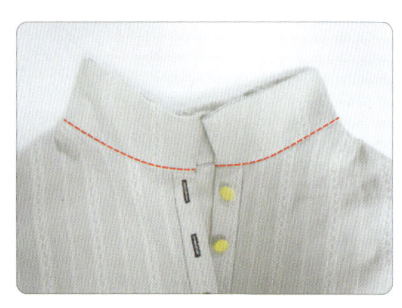

3. 칼라 2mm 안쪽으로 상침한다.

소매 연결하기

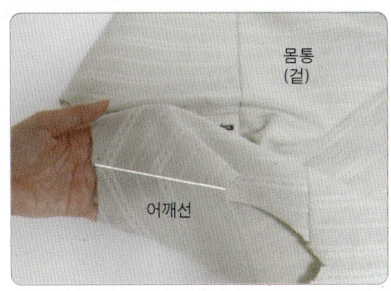 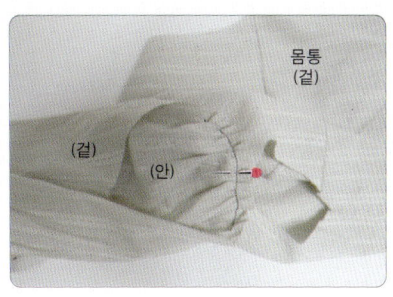 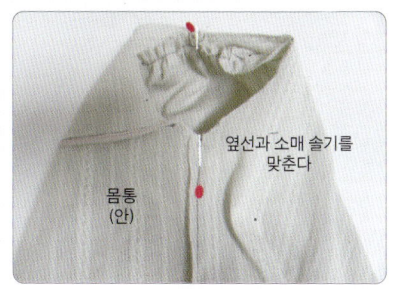

1. 몸통 진동둘레 어깨선 겉면에서 소매산 중심을 맞춰 올리고 시침한다. 주름이 있는 퍼프소매는 어깨선과 주름 잡은 부분의 중심을 맞춰 올린다. 퍼프소매는 진동둘레에 맞춰 주름양을 조절해야 하므로 주름을 만들 때 실을 당기는 방식(P.42)을 활용하는 것이 좋다.

소매산의 중심을 맞추고 시침한 모습.

2. 소매를 몸통 안쪽으로 뒤집어 넣은 다음 옆선과 소매 솔기를 맞추고 시침한다.

 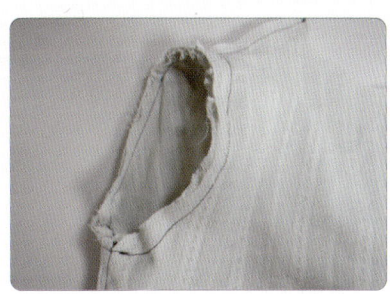 

3. 고정된 옆선과 소매산을 중심으로 진동둘레와 소매를 빙 둘러 시침한다.
   - TIP 소매가 진동둘레와 맞지 않는다면 주름을 더 잡거나 풀어 둘레를 맞춘다.
   - TIP 소매를 맞게 달았는지 방향이 헷갈린다면 시침한 후 안팎으로 뒤집어가며 확인하는 것이 좋다.

4. 시침한 소매를 빙 둘러 박음질한다.

5. 소매 시접을 빙 둘러 오버로크 처리한다.

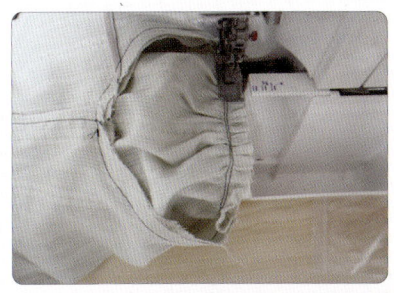 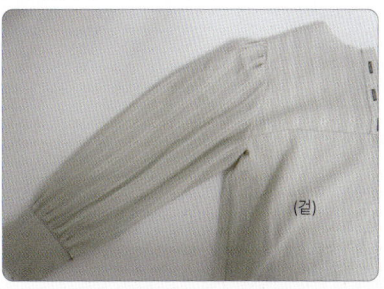 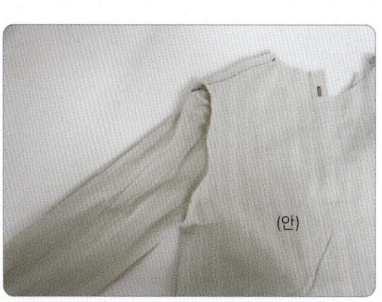

- TIP 소매와 진동둘레 시접을 한 번에 오버로크하면 따로 오버로크하는 것보다 시접이 날씬해져 팔을 움직일 때 불편함이 줄어든다.

6. 소매가 잘 달렸는지, 바느질이 집힌 곳이 없는지 확인한다.

소매 연결하기 영상

안단 달기

  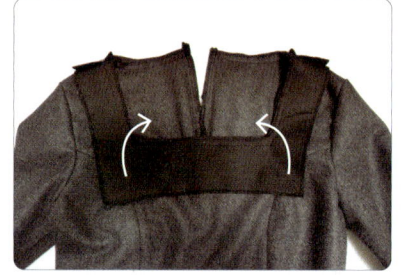

1. 몸판과 안단을 겉끼리 맞대어 네크라인을 박음질한다.
2. 각이 진 곳이 있다면 모서리에 가위집을 넣는다. 둥근 네크라인에는 촘촘히 가위집을 넣는다.
3. 안단을 안으로 꺾어 넣어 다린다.

4. 네크라인을 1cm 시접으로 상침한다.

심지 붙이기

  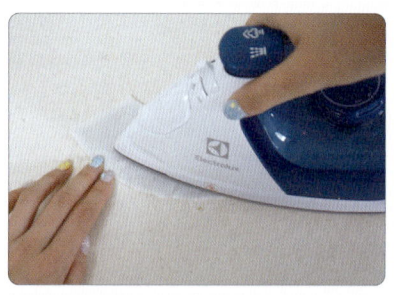

1. 심지의 거슬거슬한 면에 심지를 붙일 안쪽 면이 맞닿도록 올리고 겉감 모양과 동일하게 심지를 재단한다.
2. 심지의 풀 묻은 면을 원단 안쪽 면에 덮어 올린다.
3. 다리미로 꾹꾹 눌러가며 꼼꼼하게 붙인다. 실크 심지는 열이 세면 녹을 수 있으니 적절한 온도로 다림질해야 한다.

TIP 다리미를 밀며 다릴 때 심지가 주름지거나 함께 밀려날 수 있다. 밀지 않고 살짝 힘을 주어 눌러가며 다리는 것이 포인트.

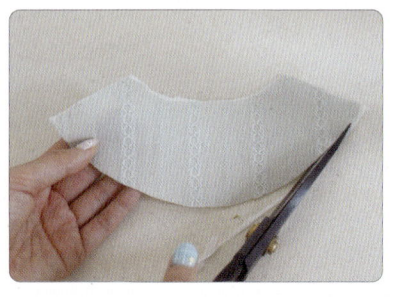

4. 가장자리 밖으로 튀어나온 심지를 잘라 낸다.

07
단추와 지퍼

단춧구멍 만들기

단춧구멍은 가정용 재봉틀 스티치를 활용해 만들 수 있습니다. 기종마다 스티치 바느질 방법과 단춧구멍 노루발의 모양이 다르니 보유 기종을 확인하고 설명서를 따라 진행합니다. 손바느질을 이용해 만드는 방법도 있지만 추천하지 않습니다. 세탁소 또는 수선집이나 동대문종합시장 단춧구멍 매장에서 개당 300~1000원에 단춧구멍을 뚫을 수 있습니다. 신일큐큐(서울 종로6가 256 덕성빌딩 222호)나 유림사(서울 종로5가 493-4)를 추천합니다.

단춧구멍 만들기 영상

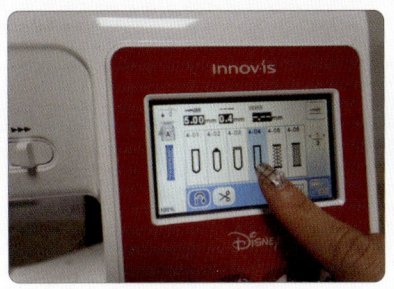

가정용 재봉틀의 단춧구멍 스티치.

가정용 재봉틀의 단춧구멍 노루발.

1. 재봉틀 기능을 이용해 단춧구멍을 박는다.

2. 실뜯개를 이용해 스티치와 스티치 사이의 천을 자른다. 단, 천을 자르지 않도록, 뾰족한 실뜯개에 찔리지 않도록 손의 위치에 주의!

콘실지퍼 달기

콘실(Conceal)지퍼는 지퍼를 닫았을 때 겉으로 보이지 않아 숨김(Invisible)지퍼라고도 부릅니다. 깔끔한 마감이 가능해 스커트·원피스·블라우스 등에 다양하게 활용됩니다. 콘실지퍼를 달 때 지퍼 이빨을 피할 수 있는 외발노루발(대칭으로 한 쌍을 구비하는 것을 추천)이나 콘실지퍼 전용 노루발을 활용하면 더욱 수월하게 작업할 수 있습니다.

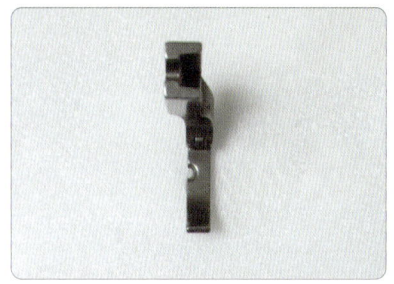
외발 노루발.

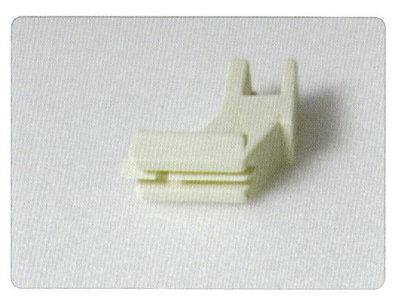
콘실지퍼 노루발.

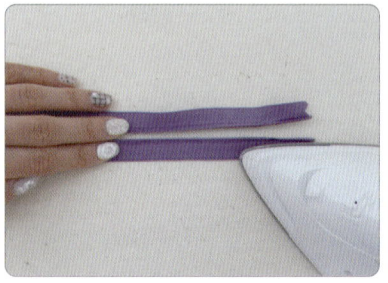
1. 준비한 콘실지퍼를 다림질해 지퍼 이빨(엘리먼트)을 편다.

2. 왼쪽의 하늘색 지퍼는 지퍼를 펴기 전 모습이고, 오른쪽의 보라색 지퍼는 지퍼를 편 모습이다.

3. 콘실지퍼를 열고 원단 겉면에 뒤집어 올린 다음 한쪽을 고정한다.

TIP 콘실지퍼 노루발이나 외발 노루발로 교체해 박음질한다.

TIP 이빨에 가깝도록 표시된 부분을 바느질해야 지퍼를 달았을 때 겉으로 드러나지 않는다.

4. 중간에 절개선이 있다면 지퍼를 닫고 안쪽으로 뒤집어 선이 잘 맞도록 반대편의 지퍼 테이프를 시침한다.

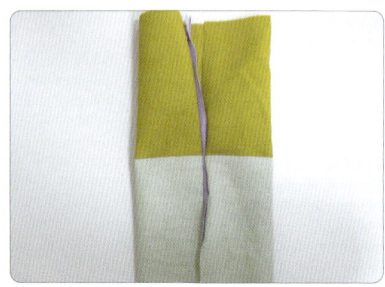
TIP 절개선이 틀어지지 않도록 안팎으로 뒤집어가며 고정한다.

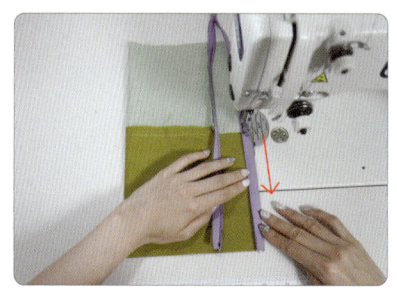
5. 다시 지퍼를 열고 안쪽에서 절개선 부분부터 지퍼 머리 방향으로 박음질한다.

TIP 외발 노루발을 사용한다면 대칭 방향의 노루발로 교체해 봉제한다.

6. 절개선 부분부터 지퍼 하단 방향으로 박음질한다.

   TIP 맞은편 지퍼를 달 때 지퍼 선의 틀어짐을 방지하기 위해 절개선 부분부터 봉제를 시작한다. 지퍼 상단부터 시작하면 바느질이 밀리면서 고정해놓은 선이 틀어질 수 있다.

7. 지퍼 하단에 남은 뒤중심선을 맞대어 박음질한다.

8. 시접을 가름솔하고 지퍼 하단을 잘라낸다.

 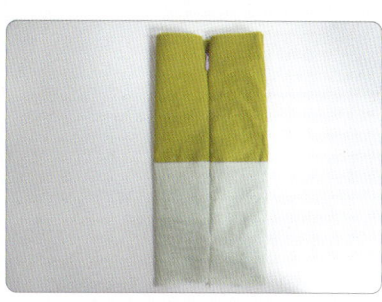

콘실지퍼 달기 영상

9. 지퍼 끝을 바이어스로 감싸 마무리한다.

10. 콘실지퍼를 연결한 모습.

08
디테일 만들기

주름 만들기

프릴과 퍼프소매, 스커트 주름을 잡을 때 등 사용합니다. 재봉 시 손으로 밀어가며 주름을 잡는 방법과 실을 당겨 주름을 잡는 방법, 프릴 노루발을 사용하는 방법 등이 있습니다. 이 책에서는 앞의 2가지 방법을 소개합니다.

손으로 밀어 주름 잡기

1. 프릴감을 재단한다.

    TIP 프릴을 바이어스 방향으로 재단하면 더욱 풍성하고 자연스럽게 흘러내리는 주름을 만들 수 있다. 다만 원단 여백이 충분하지 않다면 바이어스 방향 재단을 생략해도 좋다. 이 책에서는 남은 원단의 여백을 활용해 프릴감을 재단했다.

2. 주름을 잡고자 하는 부분을 노루발 밑으로 밀어가며 주름을 만들고 상침한다. 손가락이 다치지 않도록 항상 노루발 바깥에서 원단을 밀도록 한다.

    TIP 넓은 면적의 원단에 빠르게 주름을 잡을 때 유용한 방식이다.

실을 당겨 주름 잡기

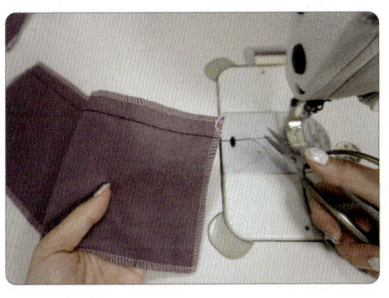

1. 주름 잡고자 하는 부분에 가장 넓은 땀수로 한 줄을 박음질한다.

2. 되돌아박기 없이 끝부분의 실을 길게 남기고 잘라낸다.

3. 잘라낸 실 중 밑실을 천천히 당겨가며 원단을 반대편으로 밀어 주름을 잡는다.

4. 주름을 고르게 정리하고 남은 실을 잘라낸다.

    TIP 실을 당기거나 풀어가며 필요한 길이에 맞춰 주름을 잡을 수 있다. 퍼프소매, 치마 밑단 등 둘레에 맞춰 주름을 잡아야 할 때 조절하기 유용하다.

프릴 연결하기

1. 원단과 프릴 겉면을 맞대 올리고 주름 잡은 선을 따라 박음질한다.
2. 이때 주름 잡은 부분의 원단이 집히지 않도록 양옆을 잘 펴가며 봉제한다.
3. 시접을 한 번에 오버로크 처리해 정리하면 더욱 깔끔해진다.

4. 겉면에서 방향을 정리해 다림질한다. 프릴 밑단은 접어박거나 레이스를 달아 마감한다.

바이어스 만들기

옷을 장식하거나 어깨끈·리본을 만들 때 사용합니다. 테두리를 마감하거나 작품의 내구성을 올리기 위해 활용하기도 합니다. 다림질로 바이어스를 만드는 방법과 바이어스메이커를 활용하는 방법 2가지를 소개합니다. 다양한 색상과 재질로 제작된 기성품을 사용해도 무방합니다.

바이어스 재단하기

  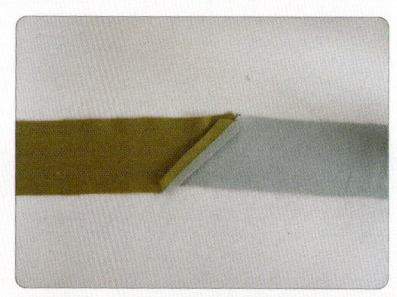

1. 원단이 늘어나는 대각선 방향(바이어스 방향)으로 재단해야 곡선에 둘렀을 때도 자연스럽게 늘어나 주름지지 않는다.
2. 길이를 이을 때는 양 끝을 수직으로 겹친 다음 사선으로 봉제한다. 시접은 0.5cm만 남기고 잘라낸다.
3. 시접을 가름솔 처리하고 정리한다.

다림질로 바이어스 만들기

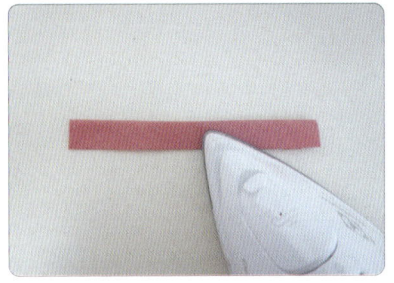

1. 원단을 반으로 접어 다린다.

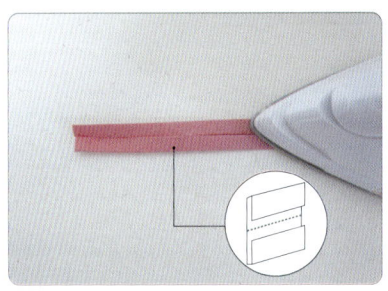

2. 펼친 다음 중앙선에 맞춰 안쪽으로 위아래를 접어 다린다.

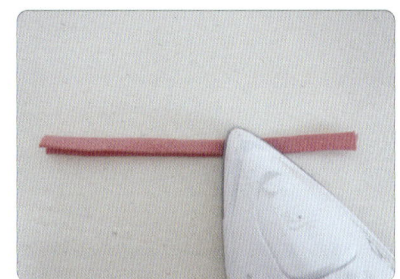

3. 안쪽 면을 맞대어 접어 다린다.

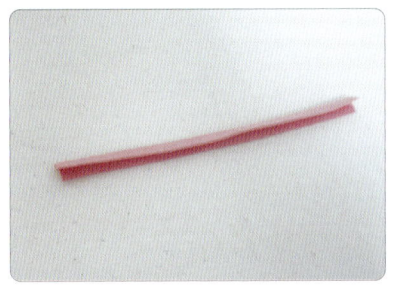

4. 완성한 바이어스의 모습.

바이어스메이커 활용하기

1. 바이어스메이커의 폭에 맞춰 재단한다.

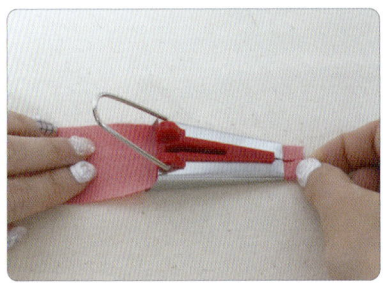

2. 바이어스감이 좁은 쪽으로 접혀 나오도록 밀어 넣는다.

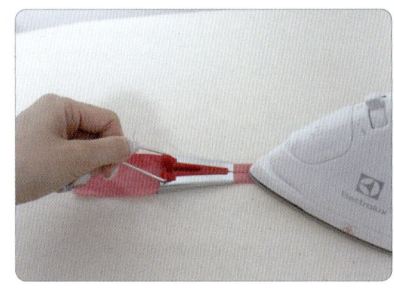

3. 천이 고르게 접히도록 손잡이로 바이어스메이커를 천천히 잡아당기며 다림질한다.

4. 안쪽 면을 맞대어 한 번 더 접어 다린다.

바이어스 연결하기

원단 테두리 감싸기

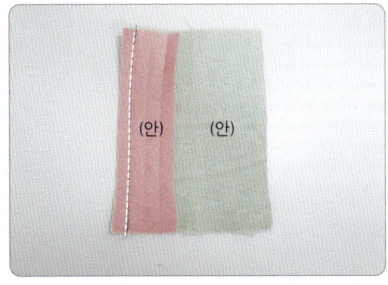

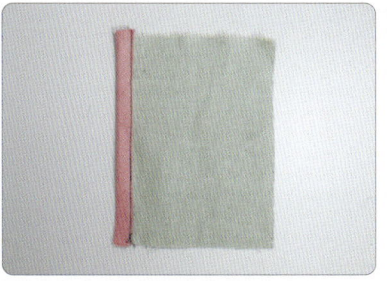

1. 바이어스를 펼쳐 감싸고자 하는 원단 안쪽 면에 바이어스의 겉면을 맞대고 한 칸 박음질한다.
2. 원단을 겉면으로 뒤집고 바이어스를 다시 접어 시접이 안쪽으로 감싸이도록 한다.
3. 1mm 간격으로 상침해 고정한다.

원통형 테두리 감싸기 (소매·네크라인 등)

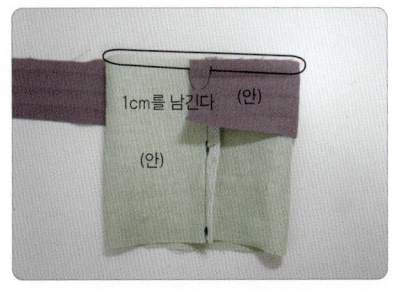
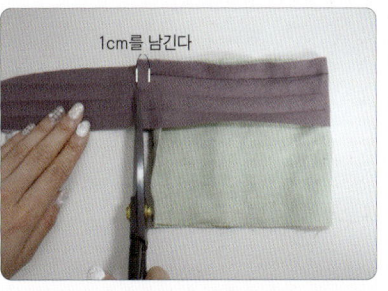

1. 시작점에서 바이어스의 1cm 여분을 남기고 바이어스를 펼쳐 감싸고자 하는 원단 안쪽 면에 바이어스의 겉면을 맞대어 빙 둘러 박는다.
2. 시작점까지 돌아와 1cm를 남기고 바이어스를 잘라낸다.
3. 바이어스 겉면을 맞대어 시접 1cm로 박음질한다.

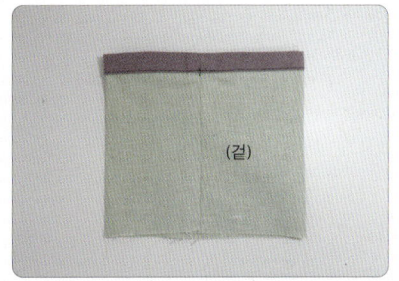
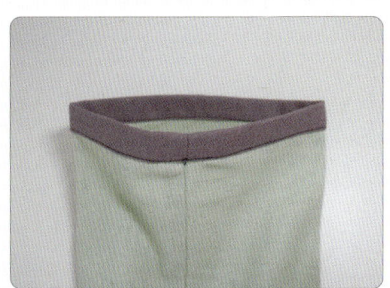

4. 시접을 가름솔로 정리한다.
5. 겉면에서 바이어스를 다시 접어 시접을 감싸고 1mm 간격으로 빙 둘러 상침한다.
6. 완성한 모습.

천 루프 만들기

원단을 이용해 천루프를 만들어 리본이나 단춧고리 등으로 다양하게 활용할 수 있습니다.

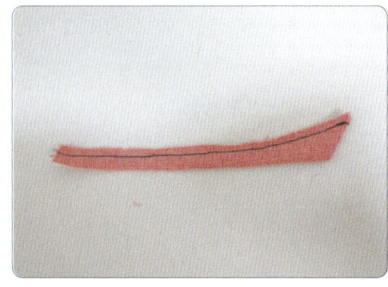 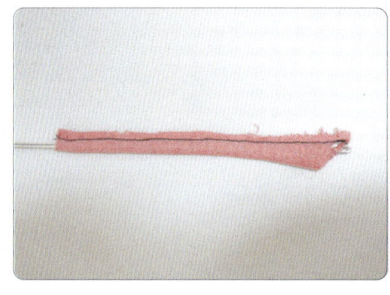 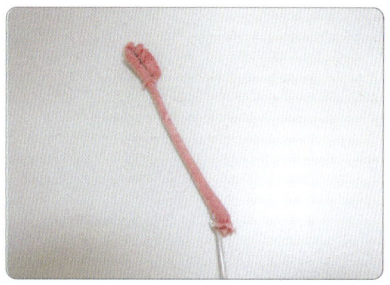

1. 바이어스 방향으로 재단한 원단을 겉끼리 맞대어 접고 얇은 시접으로 박음질한다. 끝부분은 나팔 모양으로 벌어지도록 바느질한다.

2. 루프 뒤집개를 이용해 나팔 부분으로 벌어진 원단 끝부분을 건다.

3. 안쪽으로 끝까지 당겨서 빼낸다.

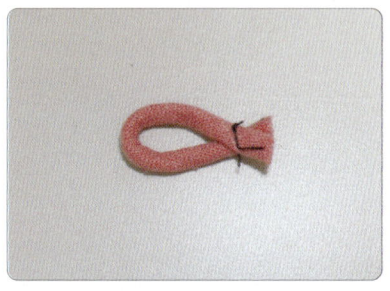

4. 교차해 봉제한 다음 남은 부분을 잘라내면 단춧고리로 활용할 수 있다.

고무밴드 넣기

1. 고무밴드 소맷단감을 창구멍을 남기고 박음질한다.

2. 시접은 가름솔하고 반으로 접어 빙 둘러 박는다.

3. 소맷단 창구멍에 고무줄 끼우개를 이용해 고무밴드를 끼워 넣는다.

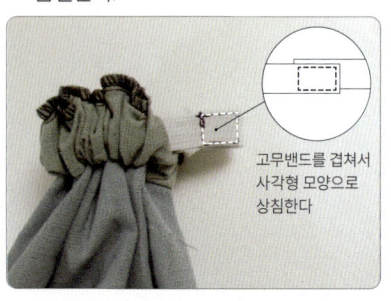 

고무밴드를 겹쳐서 사각형 모양으로 상침한다

4. 고무밴드 끝을 사각형 모양으로 박음질한다. 또는 겹쳐 박은 다음 한쪽으로 시접을 상침해 고정한다 P.95.

5. 창구멍을 공그르기 또는 상침한다.

파이핑 만들기와 봉제하기

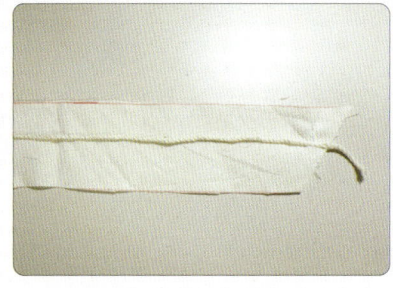

1. 바이어스 방향으로 재단한 파이핑감 사이에 파이핑 심지를 넣는다.

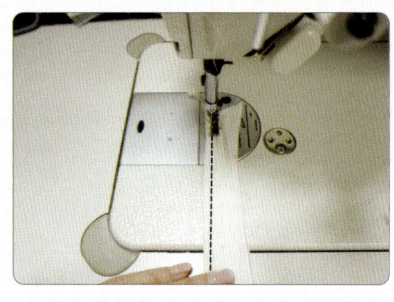

2. 외발 노루발을 사용해 파이핑에 바짝 붙도록 박음질한다.

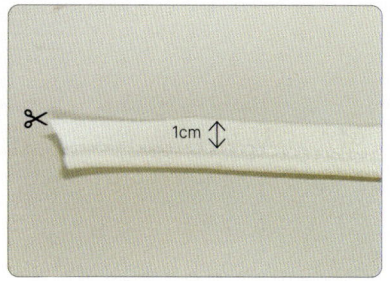

3. 시접을 1cm 정도만 남기고 자른다.

4. 한쪽 원단 겉면에 파이핑을 올리고 박음질한다.

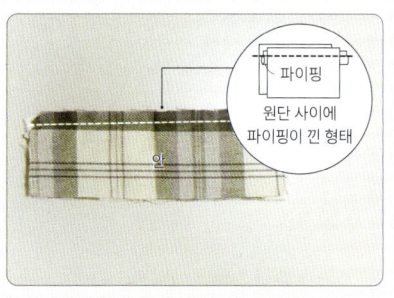

5. 겉이 맞닿도록 다른쪽 겉면을 뒤집어 올리고 재봉한다.

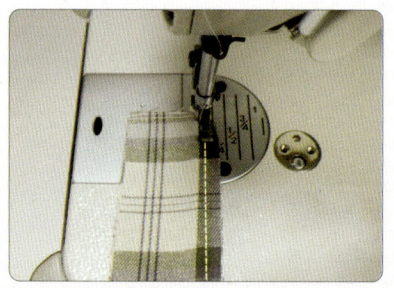

TIP 외발 노루발을 사용해 파이핑에 바짝 붙도록 박음질하면 더욱 수월하다.

6. 맞댄 원단을 펼치면 원단 사이에 파이핑이 들어가 장식 요소가 된다.

Photo Essay
중세부터 현대까지, 상상을 현실로 만든 드레스들

소설 & 웹툰 《상수리나무 아래》 커버 드레스

중세 시대의 귀부인인 소설 여주인공을 모티프로 촬영한 화보.

소설을 읽으며 상상한 이미지를 재현하기 위해 중세의 복식과 기록들을 보며 디자인했습니다.

소설 《재혼황후》 커버 드레스

소설 삽화로 러프하게 그려진 드레스를 현실감 있게 재현해보고자 크리놀린 드레스의
풍성한 치마와 이탈리아 르네상스 시대의 슬래시 디자인을 차용해 만들어보았습니다.
화려한 궁중 복식의 분위기를 살리기 위해 커튼을 만드는 데 쓰이는 자카드와 망사를 활용했습니다.

로코코 시대 드레스

퐁파두르 부인의 패션 센스는 세기가 지나도 바래지 않는 것 같아요.

퐁파두르 부인의 드레스를 다른 질감으로 재해석했습니다.

이 드레스를 만들며 드레스에 꽃을 장식하는 걸 정말 좋아한다는 것을 알게 되었답니다.

Photo Essay

동백꽃 드레스

계절을 주제로 한 드레스 연작 첫 작품.

각 계절을 상징하는 오브제로 드레스를 만들고 싶었습니다.

소복하게 쌓인 눈과 동백꽃을 표현하고 싶어 얇은 아이보리 면 원단을 겹쳐 만들어보았습니다.

Chapter 1

작은 것부터 시작해봐요, 액세서리
Accessories

Accessories 01

리본 헤어밴드
Ribbon Headband

옷을 만드는 게 부담스럽다면 워밍업으로 헤어밴드부터 도전해보는 건 어떨까요.
일자박기만 할 줄 알면 간단히 작업할 수 있고, 심지를 붙이거나 고무밴드를 넣는 등
기초 재료를 다루는 연습을 하기에 딱 좋은 아이템입니다. 사이즈 비율에 맞춰서
크기를 늘리거나 줄이면 더욱 다채로운 코디 아이템으로 활용할 수 있죠.
보송보송한 원단으로 만들어 샤워할 때 머리를 고정해도 좋고,
단단한 무지 원단을 사용해 악세서리로 만들어도 귀엽습니다.
리본 헤어밴드를 완성하는 재미가 붙으면
어느 순간 수십 개가 생겨 있을지 모릅니다.

Accessories 01
리본 헤어밴드
Ribbon Headband

[재료]

겉감   1/2마(100cm × 45cm)
실크 심지   1/4마
고무밴드   폭 2cm × 20cm

[완성 치수]

헤어밴드 둘레 55~75cm

※ 제시한 원단 소요량은 넉넉한 요적으로 계산했으나 각 원단의 폭이나 재단 방식에 따라 차이가 날 수 있다.

[봉제법]

심지 붙이기 P.38

[재단 배치도]

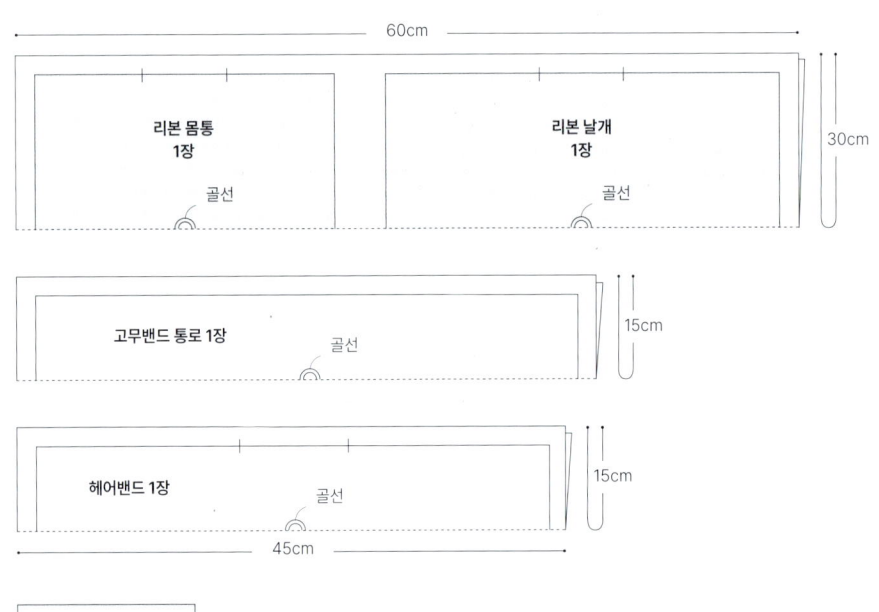

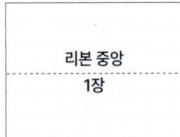

※ 시접 포함 패턴.
※ 회색 부분에는 소잉 심지를 붙인다.
※ 소품은 원단 식서에 상관없이 재단해도 된다.
※ 리본 중앙감만 원단을 펼쳐서 재단한다.

[만드는 순서]

1 리본 중앙감 만들기

1. 리본 중앙감 안면에 심지를 대어 다린다.

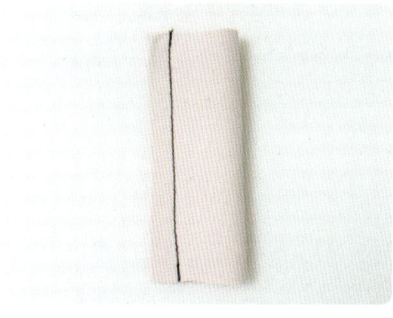
2. 리본 중앙감의 겉을 맞대어 반으로 접고 긴 쪽을 박는다.

3. 다리미를 사용해 시접을 가름솔로 처리한다.

4. 리본 중앙감을 겉면이 나오게 뒤집고 솔기가 중앙에 오도록 다린다.

2 리본 몸통 만들기

1. 리본 날개감과 리본 몸통감 각각의 안면에 심지를 대고 다린다.

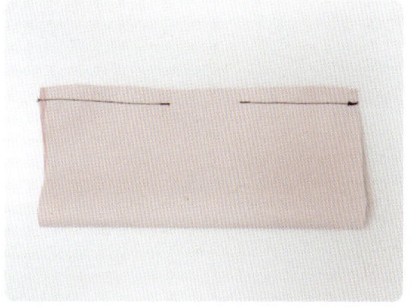
2. 먼저 리본 날개감을 겉끼리 맞대어 반으로 접고 창구멍만 남겨서 박는다.

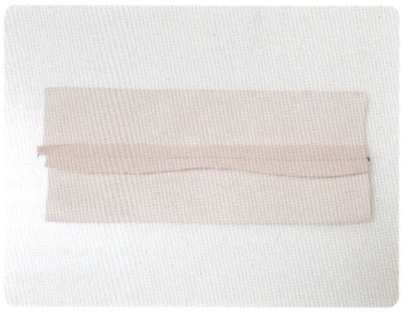
3. 솔기를 중앙에 둔 다음 시접을 다리미를 이용해 가름솔로 처리한다.

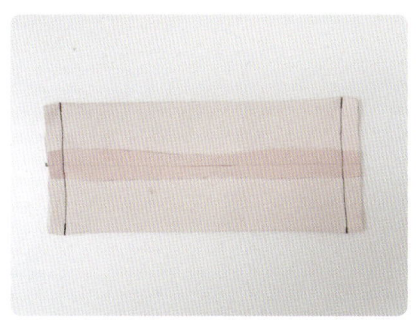
4. 리본 날개감의 양옆을 재봉한다. 가름솔 처리한 시접은 밟고 지나간다.

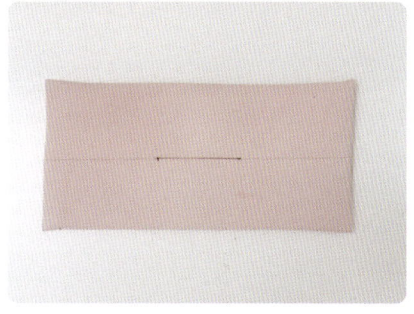
5. 리본 날개감을 창구멍으로 뒤집어 다린다.
TIP 리본 몸통감 또한 리본 날개감과 마찬가지로 2~5까지 동일하게 진행한다.

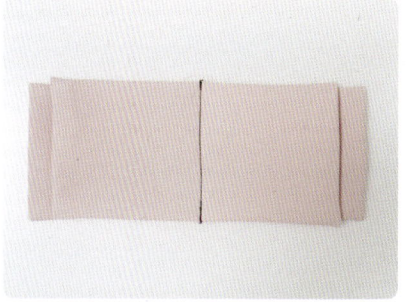
6. 리본 날개 위에 리본 몸통을 겹쳐서 올리고 중심선을 박는다.

3 헤어밴드 만들기

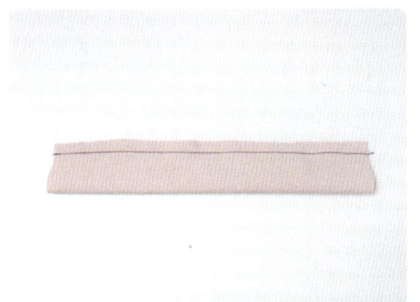

1. 고무밴드 통로감의 긴 쪽을 박는다.

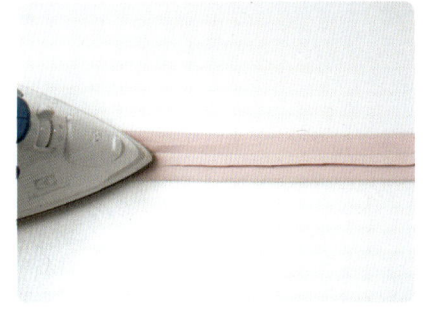

2. 다리미를 이용해 시접을 가름솔로 처리한다.

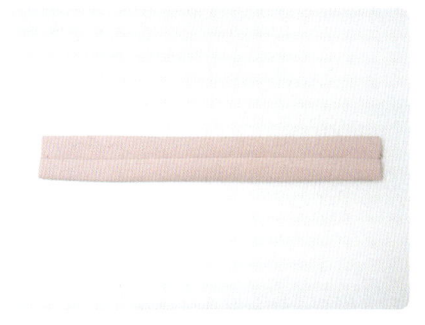

3. 고무밴드 통로감을 겉으로 뒤집고 솔기가 중심에 오도록 매만진 다음 다린다.

4. 고무줄 끼우개를 이용해 안쪽으로 고무밴드를 넣고 고무밴드 한쪽 끝과 고무밴드 통로감의 한쪽 끝을 함께 바느질한다.

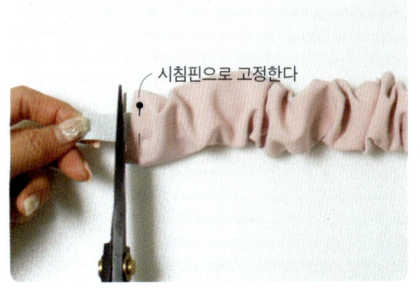

5. 고무밴드 통로감을 밀면서 주름이 충분히 생기도록 매만진다. 고무밴드 길이 20cm에 해당하는 고무밴드 통로감에 시침핀을 고정하고 남은 부분은 자른다.

6. 고무밴드 통로감 맞은편 끝을 고무밴드 끝에 맞춰서 박는다.

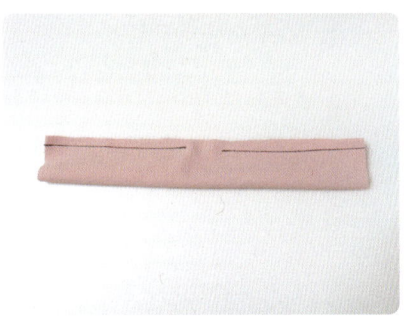

7. 헤어밴드감의 겉면을 맞댄 다음 창구멍을 남기고 긴 쪽을 박는다.

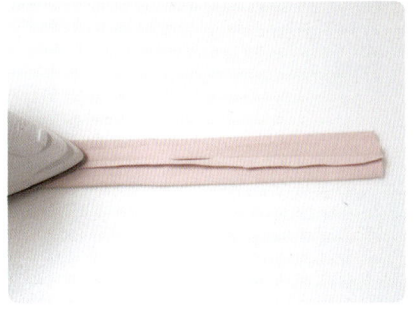

8. 다리미를 이용해 시접을 가름솔로 처리한다.

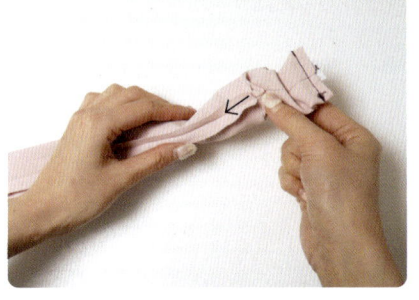

9. 고무밴드 통로를 헤어밴드 안쪽으로 집어넣는다. 이때 고무밴드 통로의 솔기와 헤어밴드의 솔기가 맞닿도록 한다.

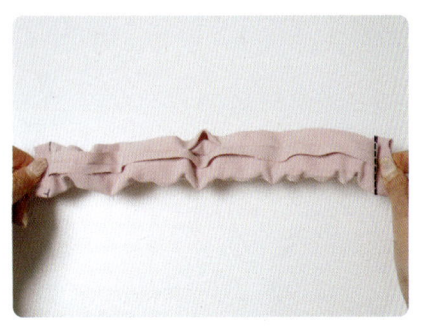

10. 고무밴드 통로와 헤어밴드의 양 끝을 겹쳐서 박는다.

11. 헤어밴드를 창구멍으로 뒤집은 다음 다림질해 정리한다.

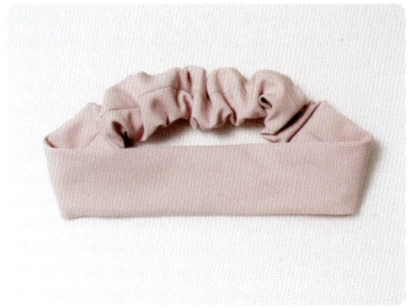

12. 헤어밴드를 정리한 모습.

4 헤어밴드 연결하기

1. 헤어밴드의 솔기가 보이지 않도록 두고 중앙에 리본 몸통을 올려서 고정한다.
2. 헤어밴드와 리본 몸통을 결합한 안쪽 모습.
3. 리본 몸통을 세 번 접은 다음 손바느질로 위아래를 여러 번 왕복해 고정한다.

4. 리본 중앙감으로 리본을 감싼다.
5. 양 끝의 시접을 맞대어 접은 다음 공그르기 한다.
6. 리본의 양옆을 헤어밴드에 떠서 고정하면 리본 중앙감의 위치가 흐트러지지 않는다.

5 완성

TIP 리본 몸통감에 넣는 심지 두께에 따라 더욱 단단한 모양을 만들 수 있다. 부드럽게 흘러내리는 리본을 만들고 싶다면 심지는 생략하고, 얇고 하늘하늘한 원단을 사용해보자!

TIP 헤어밴드 대신 리본 몸통 뒷면에 핀이나 고무밴드를 붙여서 머리핀 또는 머리끈으로 완성할 수도 있다. 다양한 아이템으로 활용해보는 것을 추천한다.

Accessories 02

보송보송 보닛
Fluffy Bonnet

직선 바느질로 리본을 만들었으니
이젠 곡선을 이용해 귀여운 모자를 만들어볼까요.
바이어스를 길게 만들어 연결하면 사랑스러운 모자 여밈이 됩니다.
안감으로 털이 보송보송한 원단을 사용하면 이 보닛이 겨울을 책임져줄 거예요.
옷장에 낡은 후리스 또는 셔츠가 있다면 보닛 패턴을 이용해 리폼에 도전해보세요.

Accessories 02

보송보송 보닛
Fluffy Bonnet

〔 재료 〕

겉감　　　1/2마(70cm × 45cm)
안감　　　1/2마(70cm × 35cm)

〔 완성 치수 〕

모자 둘레 50cm

※ 제시한 원단 소요량은 넉넉한 요척으로 계산했으나 각 원단의 폭이나 재단 방식에 따라 차이가 날 수 있다.

〔 재단 배치도 〕

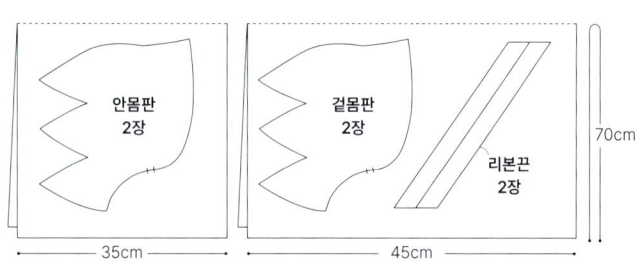

※ 몸판 시접은 모두 1cm.
※ 바이어스는 폭 4cm × 길이 45cm를 별도로 재단한다.

〔 만드는 순서 〕

1 바이어스 2장 만들기

1. 길이 45cm로 재단한 바이어스를 반으로 접어서 다린다.

2. 중앙의 접은 선에 맞춰 위아래를 접고 다시 한 번 다린다.

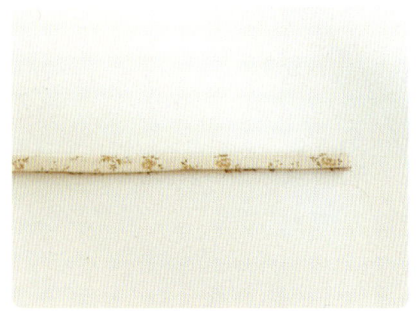

3. 안쪽 면끼리 맞대어 접고 다린다.

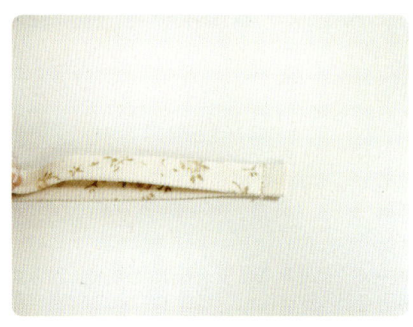

4. 바깥으로 꺾어 한쪽 끝을 박고 뒤집는다.

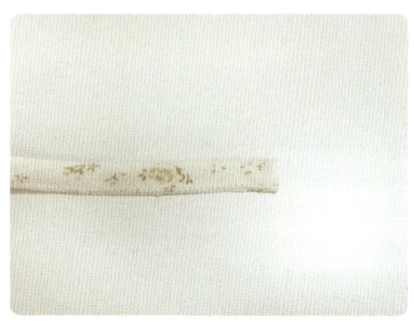

5. 바이어스의 네 겹이 된 부분을 상침한다(바이어스 만들기 P.43).

2 보닛 몸판 만들기

1. 겉몸판의 꽃잎 모양 부분을 맞대어 접고 시접 1cm를 남겨서 연결한다.

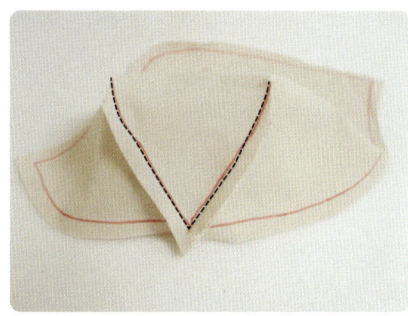

2. 겉몸판의 또 다른 꽃잎 모양 부분도 맞대어 접고 시접 1cm를 남겨서 연결한다. 맞은편 겉몸판과 안몸판 2장도 1과 2를 반복한다.

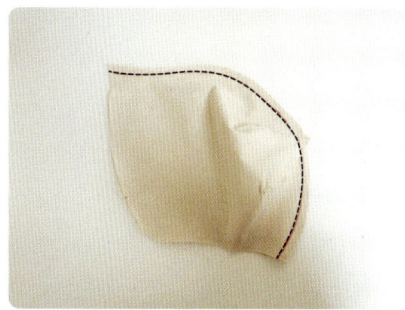

3. 겉몸판을 겉끼리 맞대고 머리에 해당하는 부분을 박는다. 안몸판도 마찬가지로 겉끼리 맞대고 머리에 해당하는 부분을 박는다.

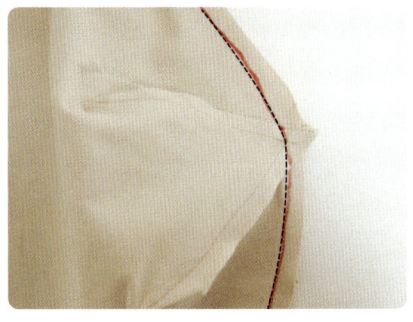

TIP 단, 시접이 위와 같은 모양이 되도록 깔끔하게 정리해 박음질한다.

4. 겉몸판에 위치를 맞춰 바이어스가 안쪽을 향하도록 끝을 고정한다.

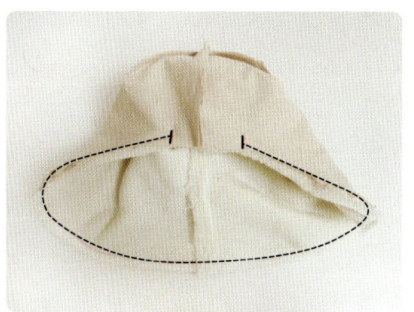

5. 안몸판과 겉몸판을 겉끼리 맞대고 창구멍을 남긴 다음 빙 둘러 박는다. 단, 안쪽으로 들어간 바이어스가 집히지 않도록 주의!

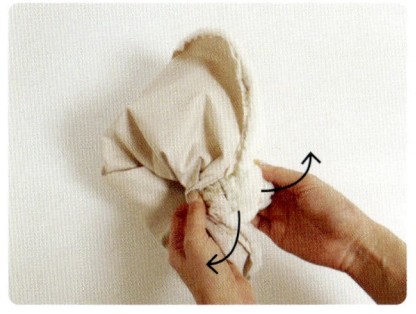

6. 창구멍을 통해 보닛을 뒤집는다.

7. 창구멍을 공그르기 또는 상침으로 막은 다음 모자를 다려서 정리한다.

3 완성

TIP 안감으로 털 원단이나 레이스 원단 등을 활용하면 계절감이 물씬 품기는 소품을 만들 수 있다.

TIP 바이어스를 레이스 끈으로 교체하면 더욱 로맨틱한 보닛이 된다.

Accessories 03

미니 포켓백
Mini Pocket Bag

사각형만 있으면 뚝딱 만들 수 있는 간단한 포켓백!
하지만 작은 주머니와 끈을 달아 실용성과 귀여움까지 놓치지 않았습니다.
끈을 당기거나 풀어 다양하게 연출할 수 있고, 주머니와 안감이 있어
더욱 실용적으로 들고 다닐 수 있는 아이템입니다.
사랑스러운 컬러감의 원단으로 배색하면 귀여운 포인트가 되지요.
끈 길이와 가방 크기를 마음대로 조절해가며 만들어보세요.

Accessories 03
미니 포켓백
Mini Pocket Bag

(재료)

겉감   1.5마(110cm × 120cm)
리본끈   2마(폭 1cm × 180cm)

(완성 치수)

가로 29cm × 세로(높이) 33cm

※ 이 작품은 가방 원단을 이용해 바이어스를 만들어 활용했다.
※ 가방끈 길이는 자유롭게 조절한다.
※ 제시한 원단 소요량은 넉넉한 요척으로 계산했으나 각 원단의 폭이나 재단 방식에 따라 차이가 날 수 있다.

(재단 배치도)

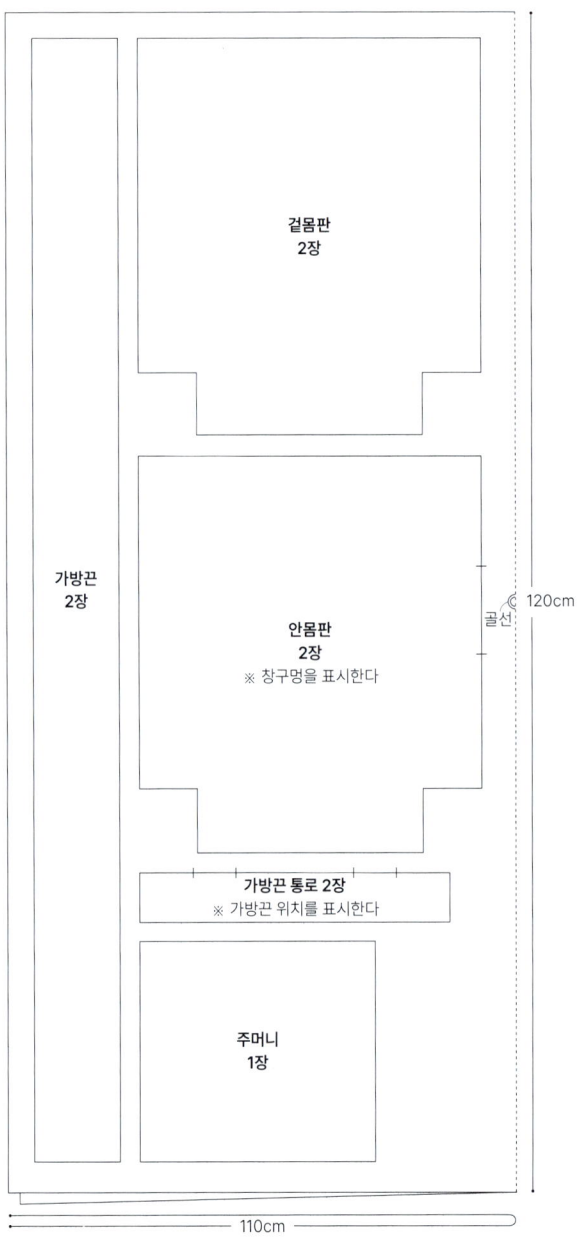

※ 시접 포함 패턴.
※ 소품은 원단 식서에 상관없이 재단해도 된다.
※ 가방끈은 캔버스 리본(폭 3cm) 등으로 대체 가능하다.
※ 주머닛감은 남은 부분을 펼쳐서 1장만 재단하고, 주머니는 겉몸판 앞쪽에 부착한다.

[만드는 순서]

1 가방끈 만들기

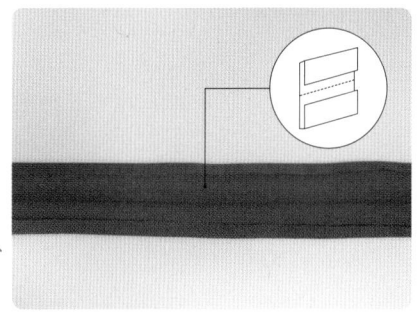 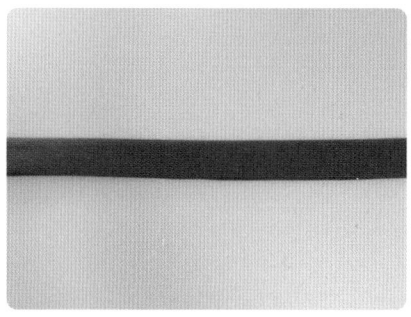 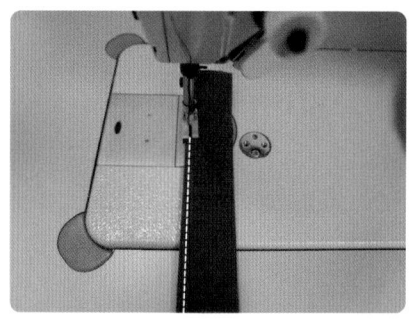

1. 재단한 가방끈감의 위아래 시접을 안쪽으로 접어서 다린다.
2. 가방끈감을 반으로 한 번 더 접어서 다린다.
3. 접혀서 네 겹이 된 부분을 상침한다.

2 가방끈 통로와 주머니 만들기

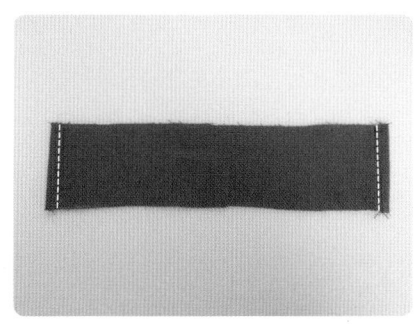 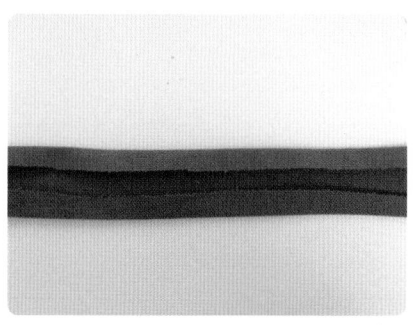 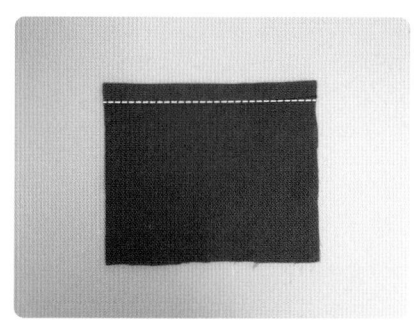

1. 가방끈 통로감의 양옆을 안쪽으로 1cm 접어서 박음질한다.
2. 위아래 시접을 안쪽으로 접어서 일정한 힘으로 다린다.
3. 주머니 윗면을 1cm와 2cm로 두 번 접어박고 다린 다음 상침한다.

4. 주머니의 나머지 3면 시접을 안쪽으로 접어서 다린다.

TIP 모서리를 사선으로 한 번 더 다림질하면 시접이 겉으로 튀어나오지 않고 깔끔하다.

3 가방 만들기

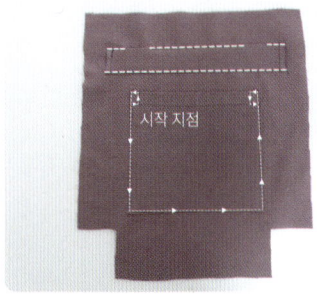 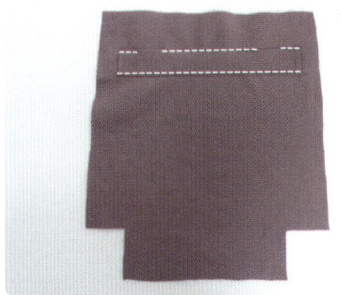 

1. 앞판 겉면에 가방끈 통로와 주머니 위치를 맞춰서 올리고 창구멍을 남기고 상침한다. 내구도를 위해 주머니 입구는 사각형 모양으로 둘러 박음질한다.
   TIP 가방끈 통로와 주머니 위치는 부록의 A면을 참고해 배열대로 맞춘다.

2. 뒤판 겉면에 가방끈 통로를 올린 다음 창구멍을 남기고 위아래를 상침한다.

3. 겉몸판 2장을 겉끼리 맞대어 박음질한다.

4. 안몸판 2장을 겉끼리 맞대고 창구멍을 남겨서 박음질한다.

5. 모서리를 사선으로 접어 1cm 시접으로 봉제한다.

6. 안감과 겉감의 모서리 4면을 박음질한다.

7. 안몸판과 겉몸판의 입구 겉면을 맞대고 빙 둘러 박음질한다.

8. 안몸판 창구멍을 통해 가방을 뒤집는다.

9. 안쪽으로 안몸판을 정리해 넣은 다음 다림질한다.

4 가방끈 연결하기

1. 가방끈 구멍에 끈을 끼워 넣고 시침핀으로 고정한다.
2. 앞·뒷면 가방끈과 창구멍 위를 상침해 고정한다.
3. 고무줄 끼우개를 이용해 리본끈(1마)을 앞뒤 가방끈 통로에 통과시킨다.

4. 리본끈의 끝을 묶고 남은 부분은 잘라낸다.
5. 맞은편도 동일하게 진행한다.

5 완성

옷본 없이 천을 네모로 자르는 것만으로도
사랑스러운 분위기의 에이프런을 만들 수 있습니다.
에이프런 앞판에 자수를 새기거나 레이스를 장식하면
나의 일상을 더욱 특별하게 만들어주는 아이템이 탄생한답니다.
취미를 즐길 때 입을 에이프런을 직접 만들어보세요.
취향에 따라 주머니를 넣을 수도 있고,
치마의 폭과 기장을 늘려 원피스로도 활용할 수 있답니다.

Accessories 04
빨간 머리 앤 에이프런
Anne of Green Gables Apron

(재료)

겉감   1.5마(140cm × 130cm)
레이스(옵션)   30cm
자수 패치(옵션)

(완성 치수)

기장 90~110cm

※ 에이프런 끈으로 기장 및 허리둘레를 조절할 수 있다.
※ 제시한 원단 소요량은 넉넉한 요척으로 계산했으나 각 원단의 폭이나 재단 방식에 따라 차이가 날 수 있다.

(재단 배치도)

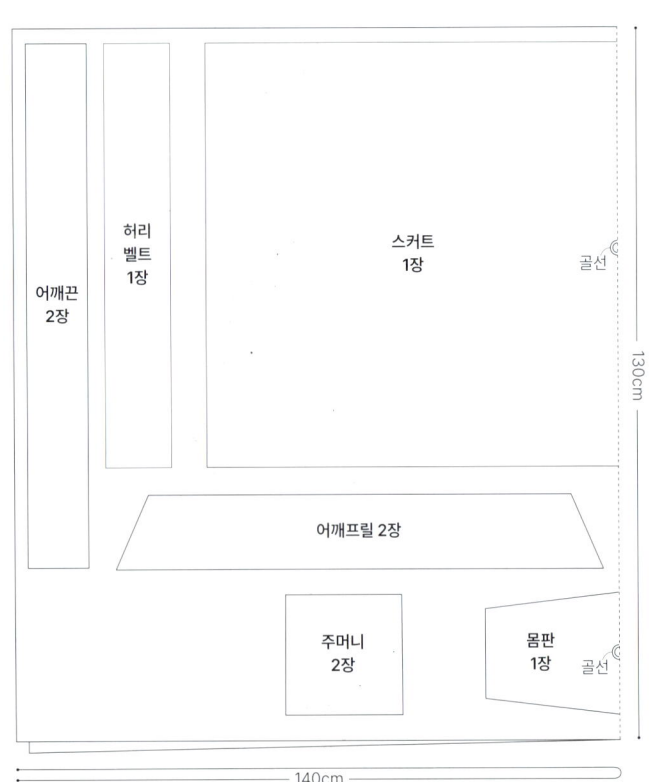

※ 시접 포함 패턴.
※ 어깨끈과 스커트 길이는 취향에 맞춰 조절한다.
※ 주머니 패턴은 부록 A면의 파자마 블라우스에서 재단하고 위치는 자유롭게 배치한다.
※ 프릴감은 바이어스 방향으로 재단하면 더욱 예쁜 모양을 만들 수 있지만 원단의 여백이 부족하다면 방향을 지키지 않아도 무방하다. 이 책에서는 바이어스 방향으로 재단하지 않고 남은 원단의 여백을 프릴감으로 활용했다.

[**만드는 순서**]

1 에이프런 몸통 만들기

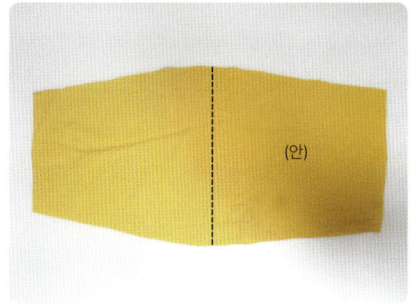

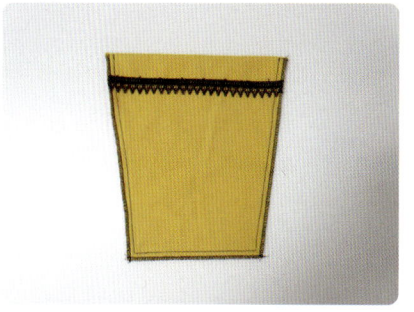

1. 앞몸판의 안쪽을 맞대어 반으로 접어서 다린다.
2. 3면을 박음질하고 오버로크 처리한다.
3. 취향에 따라 앞몸판에 자수 혹은 레이스로 장식한다. 상침만으로 장식해도 OK.

2 프릴이 달린 어깨끈 연결하기

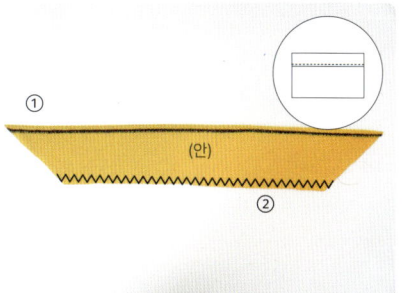

1. 프릴감의 긴 쪽을 오버로크 처리한다.
2. ① 오버로크 처리한 쪽을 안쪽으로 1cm로 한 번 접어박고 ② 주름을 잡아서 프릴을 만든다.
3. 프릴을 완성한 모습.

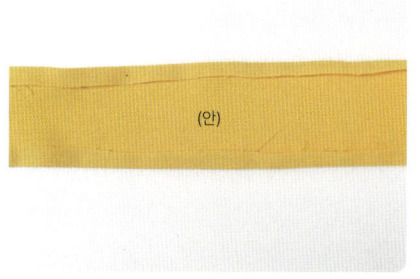
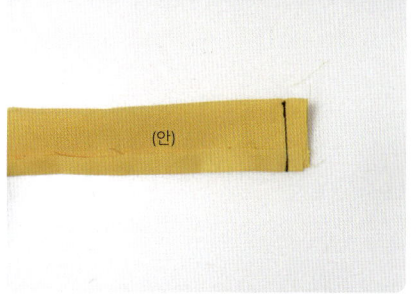

4. 어깨끈감의 위아래 시접을 안쪽으로 1cm 접어서 다린다.
5. 어깨끈을 겉끼리 맞대고 한쪽 끝을 박음질한다.
6. 어깨끈을 겉으로 뒤집어 깔끔하게 반으로 접어 다린다.

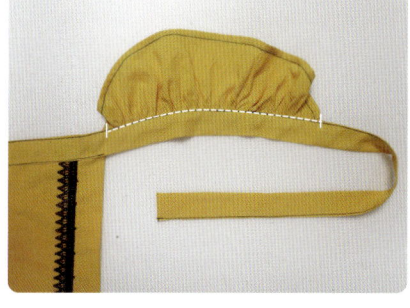

7. ① 시접을 접은 쪽이 바깥을 향하도록 놓고 ② 몸통 양옆에 어깨끈을 올린 다음 1mm 시접으로 상침한다.
8. 몸통이 끝나는 부분부터 프릴을 어깨끈에 끼우고 1mm 간격으로 상침한다.
   TIP 프릴의 위치나 길이는 자유롭게 조절해도 좋다.

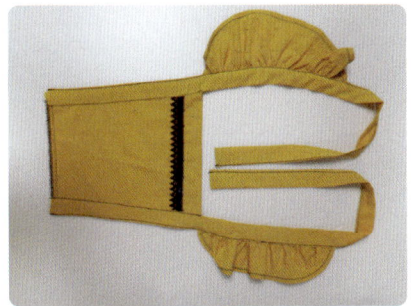

9. 프릴과 어깨끈을 연결한 모습.

3 주머니가 달린 스커트 만들기 (※ 주머니 디테일은 취향에 따라 생략해도 된다)

1. 주머닛감 안면에 심지를 대고 다린다.

2. 주머니 윗면을 안쪽으로 1cm 접어 다린다.

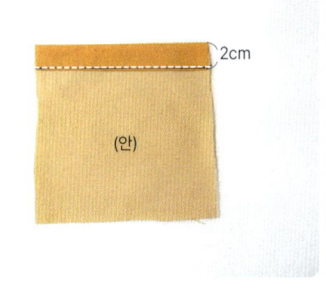

3. 주머니 윗면을 2cm로 한번 더 접어박는다.

4. 나머지 3면의 시접을 안쪽으로 1cm 접어서 다린다.

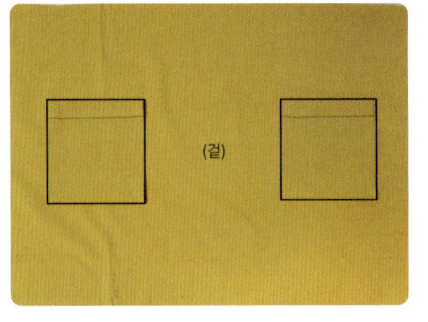

5. 주머니 2개를 스커트감 위 원하는 위치에 올리고 시침핀으로 고정한다.

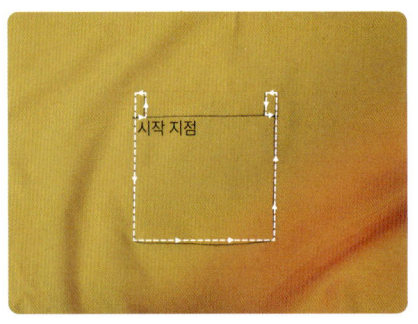

6. 주머니(2개)의 3면을 상침한다. 입구 부분은 사각형 모양으로 단단하게 박음질한다.

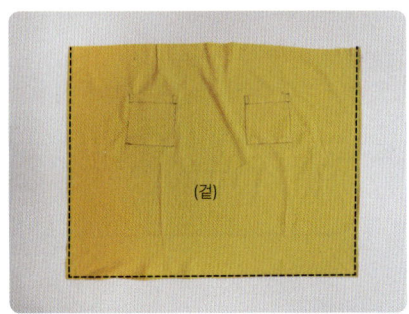

7. 스커트감 3면을 오버로크 처리하고 안쪽으로 1cm 접어박는다.

8. 스커트감 윗단에 주름을 고르게 잡는다.

4 에이프런 연결하기

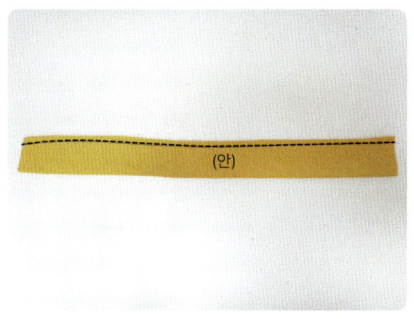

1. 허리벨트감을 겉끼리 맞대어 긴 쪽을 박음질한다.

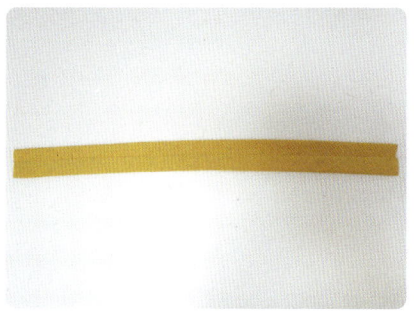

2. 허리벨트감을 겉이 앞으로 오게 뒤집고, 솔기가 중앙에 오도록 다린다.

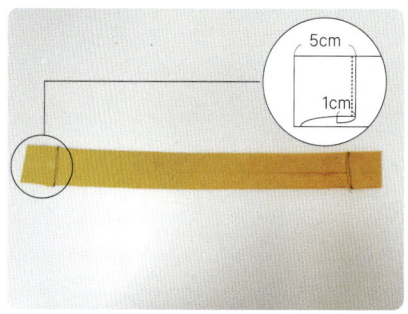

3. 허리벨트감의 양 끝을 1cm와 5cm로 두 번 접어박는다.

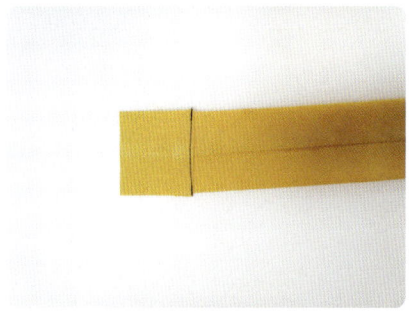

4. 허리벨트감의 양 끝을 두 번 접어박은 모습.

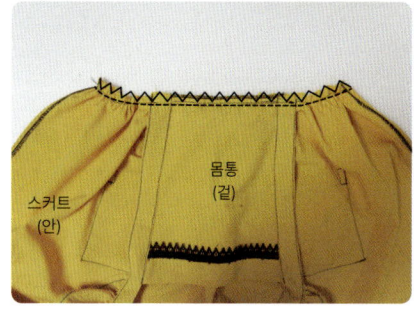

5. 스커트와 에이프런 몸통의 안면을 맞대고 박은 다음 시접을 오버로크 처리한다.

6. 겉을 맞대어 연결해도 되지만, 안면을 맞대어 연결하면 몸통 시접이 허리벨트에 가려져 더 깔끔하게 마감할 수 있다.

7. 스커트 위에 허리벨트의 중심을 맞추고 위아래를 상침한다.

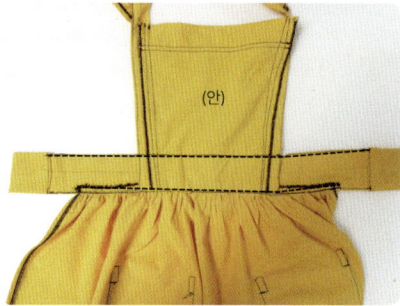

8. 안쪽에서 본 모습.

9. 어깨끈을 허리벨트 통로에 끼우고 묶어서 착용한다.

5 완성

TIP 원하는 대로 길이를 조절해보자. 스커트 길이를 늘리면 에이프런 드레스로도 활용 가능!

Chapter 2

감성 한 스푼 넣은 베이직 아이템
Basic Item

단조로운 일상의 분위기를 바꿔줄 수 있는 아이템은 뭐가 있을까요.
아무 생각 없이 편안한 티셔츠와 바지를 입다가도 상하를 맞춘 홈웨어로 그날의 휴식을 더욱 다채롭게 만들 수 있습니다.
파자마는 다이어리처럼 내 마음대로 꾸미기도, 소중한 사람들의 이미지를 담아 만들기에도 좋은 아이템입니다.
파자마 바지 P.92 와 함께 세트를 만들어 하루하루 함께해보세요.
소매의 오그리기는 한 끗으로 퀄리티를 올리는 테크닉이지만,
봉제에 익숙하지 않거나 이해하기 어렵다면 생략해도 괜찮습니다.
작은 차이를 만드는 테크닉은 나중에 도전해봐도 충분합니다.
초보라면 완성의 큰 기쁨과 재미를 느끼는 게 최우선이니까요!

Basic Item 05
파자마 블라우스
Pajama Blouse

[재료]

겉감	대폭 2마(150cm × 155cm)
실크 심지	1마
파이핑 심지	20cm
단추	5개

[봉제법]

소매 연결하기 P.37, 오그리기 P.30, 단춧구멍 만들기 P.39, 심지 붙이기 P.38, 밑단 마감 P.30

[완성 치수]

사이즈	가슴둘레	총 기장
M(44-55)	110cm	62cm
L(66-77)	120cm	63cm

※ 제시한 원단 소요량은 넉넉한 요척으로 계산했으나 각 원단의 폭이나 재단 방식에 따라 차이가 날 수 있다.

[재단 배치도]

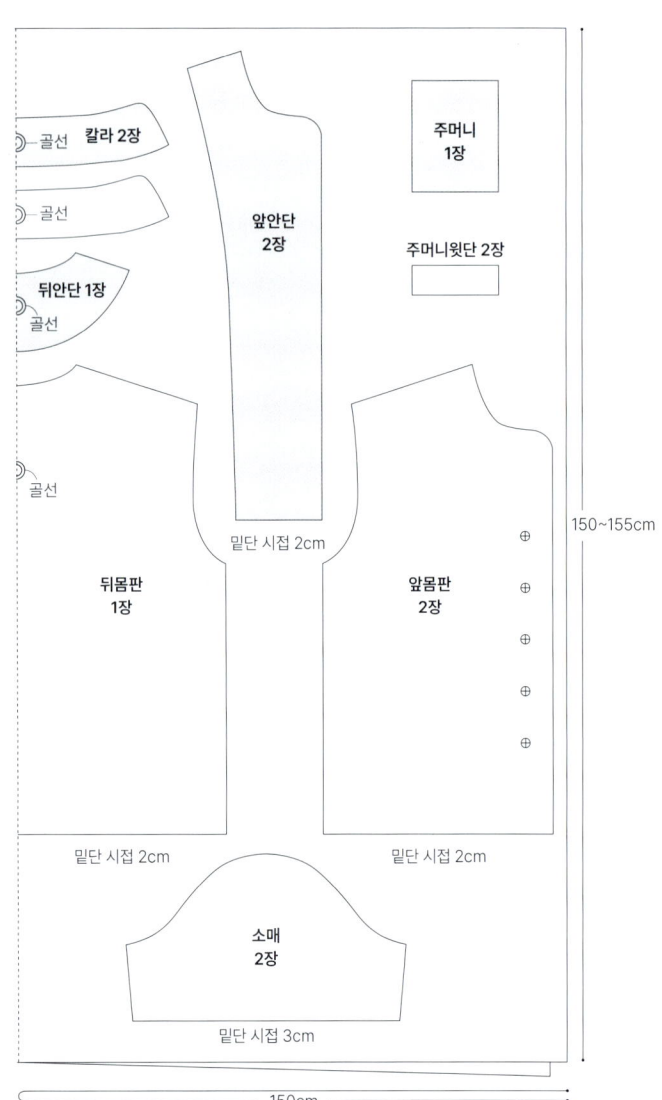

※ 정해진 곳 외의 시접은 모두 1cm.
※ 회색 부분에는 소잉 심지를 붙인다.
※ 주머닛감은 남은 원단을 펼쳐서 1장만 재단한다.
※ 주머니를 달고자 하는 쪽 겉면에 주머니 위치를 표시한다.

[만드는 순서]

1 안단 만들기

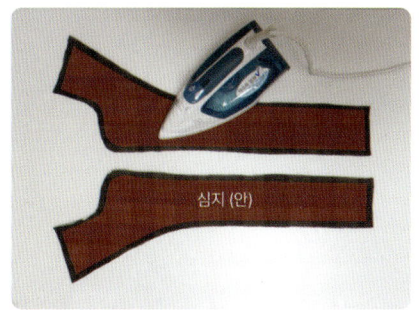
1. 앞안단의 안면에 심지를 대어 다린다.

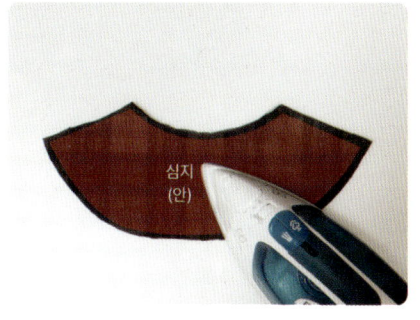
2. 뒤안단의 안면에도 심지를 대어 다린다.

3. 앞안단을 오버로크 처리한다.

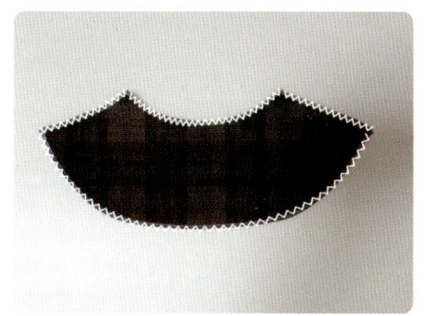
4. 뒤안단도 오버로크 처리한다.

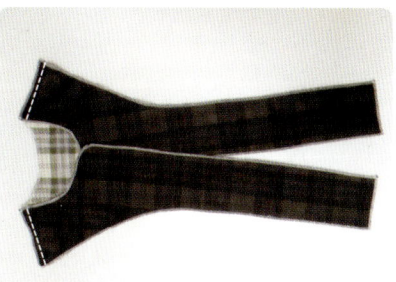
5. 앞안단과 뒤안단을 겉끼리 맞대어 어깨선을 박음질한다.

6. 시접을 가름솔 처리한다.

7. 안단을 완성한 모습.

2 칼라 만들기

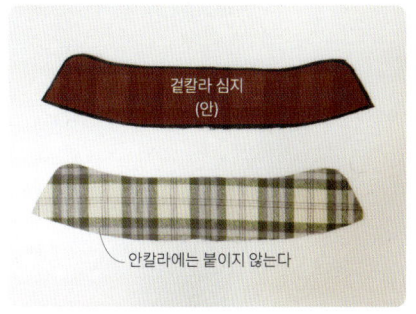
1. 한쪽 칼라 안면에 심지를 대어 다린다. 심지를 붙인 쪽이 겉칼라가 된다.

2. 칼라 2장을 겉끼리 맞대어 박음질한다.

3. 칼라를 뒤집고 겉에서 울지 않게 잘 다린다.

3 주머니 만들기

1. 주머니에 심지를 대어 다린다.

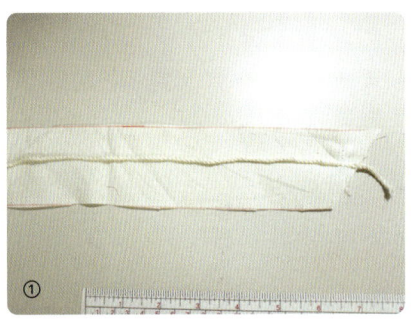

2. ① 파이핑을 만든다 (파이핑 만들기 P.47 1~3). 바이어스 방향으로 재단한 파이핑감 사이에 파이핑 심지를 넣는다.

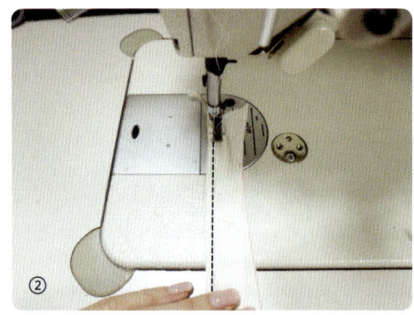

② 외발 노루발을 사용해 파이핑에 바짝 붙도록 박음질한다.

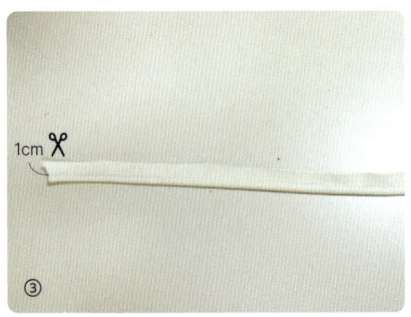

③ 1cm 정도의 시접만 남기고 자른다.

3. 주머니 윗단 사이에 파이핑을 연결한다(파이핑 봉제하기 P.47 4~6).

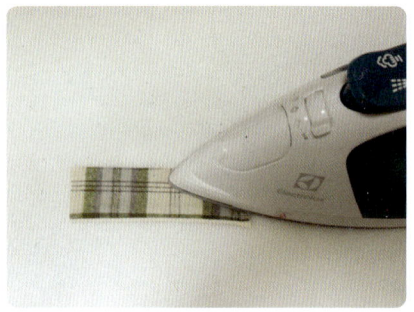

4. 반으로 접어 다리미를 이용해 깔끔하게 다린다.

5. 주머니 안면에 윗단을 대고 박는다.

6. 겉으로 뒤집어서 다린 다음 주머니 양옆과 밑을 오버로크 처리한다.

7. 안쪽으로 시접을 1cm씩 접어박은 다음 다린다.

4 소매 만들기

1. 소매 겉을 맞대어 접어서 박음질하고 오버로크 처리한다.

2. 소맷부리를 오버로크 처리하고 시접 2cm로 한 번 접어박아서 마감한다. 1.5cm로 두 번 접어박아도 OK.

3. 소매산에 해당하는 곡선을 오그린다 P.30. 생략해도 되지만 오그리면 어깨에서 소매가 더 예쁘게 떨어진다.

② 오그리기를 할 때는 프릴처럼 주름이 겹쳐지면 안 된다.

③ 소매 시접이 살짝 일어설 정도로만 당겨 조절하는 것이 포인트!

5 몸판 만들기

1. 앞·뒤 몸판을 겉끼리 맞대고 어깨와 옆선을 함께 박음질한 다음 오버로크 처리한다.

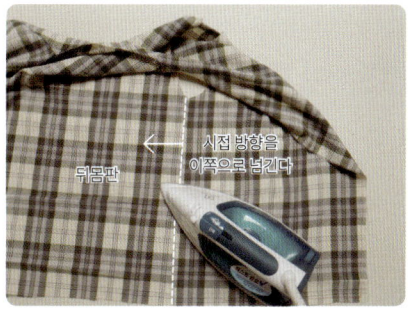
2. 몸통 시접을 뒤쪽으로 다려서 정리한다.

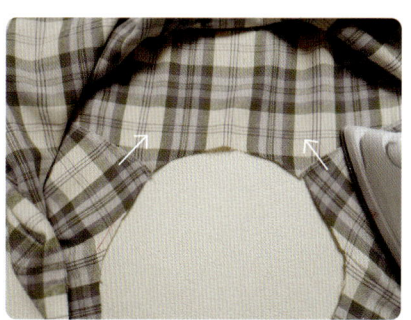
3. 어깨 시접도 뒤쪽으로 다려서 정리한다.

4. 어깨선을 맞춰 반으로 접고 뒷목점 가운데를 초크펜을 이용해 표시한다.

5. 칼라를 반으로 접어서 중앙을 쪽가위로 표시한다.

6. 몸판과 칼라의 중심을 맞추고 박음질해서 잇는다.

7. 안단과 몸판을 겉끼리 맞대어 시침핀으로 고정하고 죽 박음질한다.

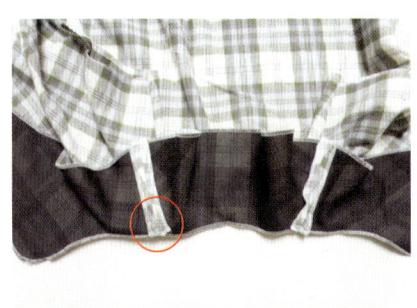

TIP 박음질하기 전에 어깨선을 잘 맞추고 안단의 가름솔을 대각선으로 펼쳐 시침하면 시접이 접히지 않아 재봉이 수월하다.

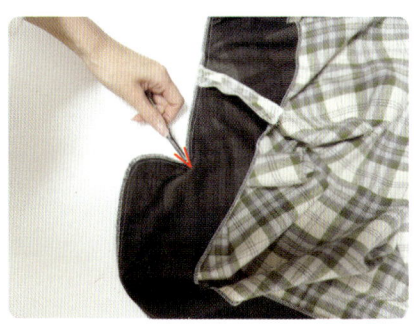

8. 칼라가 꺾이는 곡선 부분에 가위집을 넣고 뒤집는다.

9. 뒤집은 모습.

10. 안단이 밖으로 뒤집히지 않도록 안단과 겉감의 어깨선 시접을 두세 땀 정도 함께 겹쳐서 시침한다.

11. 안단과 겉감의 어깨선 시접을 고정한 모습.

12. 안단 바깥쪽 밑단을 오버로크 처리해 1cm로 한 번 접어 박아 마무리한다. 안단이 겹쳐지는 부분은 밑단과 맞춰 1cm 위로 상침한다.

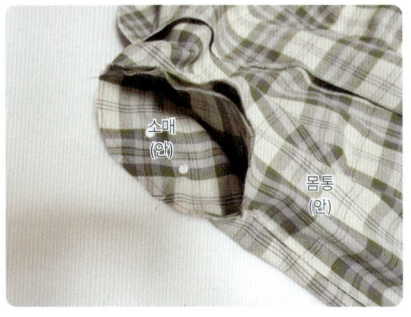

13. 몸판 속에 소매를 넣어 겉끼리 맞닿도록 하고 시침핀을 꽂아 고정한다 (소매 연결하기 P.37).

TIP 몸판과 소매를 연결할 때 오그린 부분이 풀어지거나 집히지 않도록 주의!

14. 진동둘레를 빙 둘러 박음질한다.

15. 진동둘레 시접을 빙 둘러 오버로크 처리한다. 오른쪽은 확대한 모습이다.

6 주머니와 단추 디테일 만들기

1. 위치에 맞춰 앞판에 주머니를 시침한다.

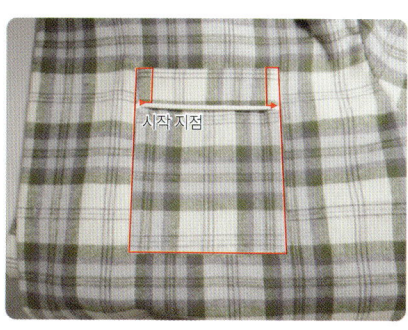

2. 주머니 윗부분을 제외하고 3면을 빙 둘러서 박음질한다. 주머니 입구는 사각형 모양으로 상침해 튼튼하게 박는다.

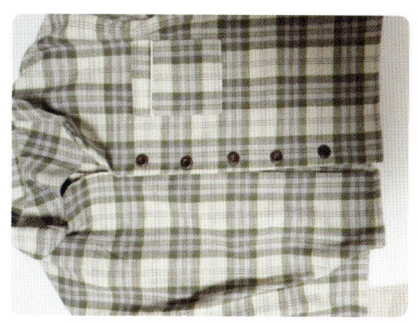

3. 각 위치에 손바느질해 단추를 단다.

4. 단춧구멍을 박는다. 사용하는 재봉틀 기종에 단춧구멍 기능이 없다면 세탁소나 수선집을 이용하자(단춧구멍 만들기 P.39).

5. 실뜯개를 이용해 스티치와 스티치 사이의 천을 자른다. 뾰족한 실뜯개 끝에 찔리지 않도록 손의 위치에 주의!

7 완성

TIP 소매 길이를 늘리면 긴 소매의 파자마 블라우스로 변신한다.

TIP 주머니를 자수나 레이스 등으로 장식하거나 안단 또는 칼라를 다른 원단으로 배색하면 유니크한 스타일을 만들 수 있다.

옷 만들기에 관심이 있던 초등학생 시절, 중학교 1학년 과정에
바지 만들기가 있다는 걸 알고는 빨리 중학생이 되고 싶었습니다.
시간을 지나서 반바지 만들기를 배웠을 때, 수행평가를 하루 만에 완성하고는
밤을 새워 온갖 모양의 바지를 바느질했던 기억이 있습니다.
여러 옷을 쉽게 만들게 된 지금도 바지를 만들 때면 그 설렘이 생각납니다.
그때 만들었던 바지는 주머니도 없는 수행평가용이었지만
이젠 주머니가 달린 귀엽고도 편한 바지를 더욱 간단하게 만들 수 있죠.
여러분도 포근한 추억을 담은 홈웨어 팬츠를 만들어보세요.

Basic Item 06
파자마 바지
Pajama Pants

(재료)

겉감　　대폭 1.5마(150cm × 100cm)
고무밴드　폭 2cm × (길이는 허리둘레에 맞춰 준비한다)

(봉제법)

밑단 마감 P.30, 고무밴드 넣기 P.46

(완성 치수)

사이즈	허리둘레	총 기장
M(44-55)	60-96cm	42cm
L(66-77)	80-106cm	43cm

※ 본인의 허리둘레에 맞게 고무밴드를 넣어 조절한다.
※ 제시한 원단 소요량은 넉넉한 요척으로 계산했으나 각 원단의 폭이나 재단 방식에 따라 차이가 날 수 있다.

(재단 배치도)

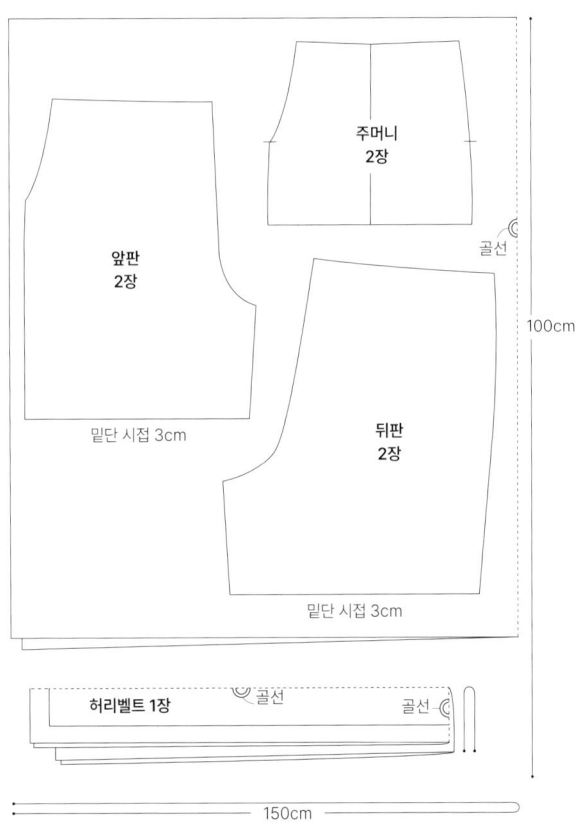

※ 허리벨트는 위 그림처럼 원단을 두 번 접어 재단한다

※ 정해진 곳 외의 시접은 모두 1cm.

(만드는 순서)

1 주머니 만들기

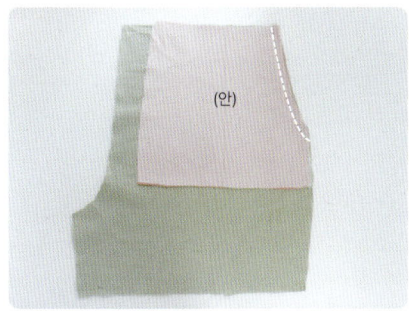

1. 앞판과 주머닛감을 겉끼리 맞대어 곡선 부분부터 박음질한다.

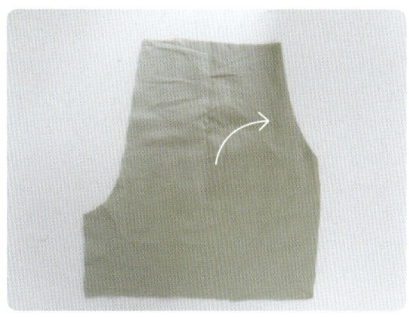

2. 주머니를 안쪽으로 넘겨서 다린다.

안에서 본 모습.

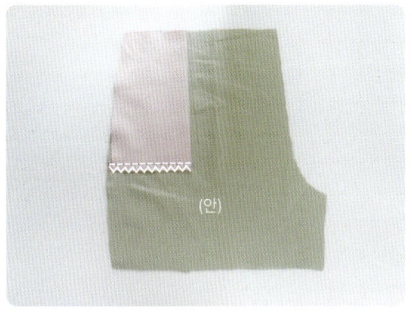

3. 주머니를 반으로 접어서 밑부분을 박음질하고 오버로크 처리한다.

겉에서 본 모습.

4. 주머니를 옆선과 허리선에 맞춰 임시 박음질한다.

2 앞·뒤판 봉합하기

1. 주머니를 단 앞판을 겉끼리 맞대어 밑위둘레를 박음질하고 오버로크 처리한다.

① 펼친 모습.

② 안에서 본 모습.

2. 뒤판을 겉끼리 맞대어 밑위둘레를 박음질하고 오버로크 처리한다.

3. 앞판과 뒤판을 겉끼리 맞대고 양 옆선을 박음질 다음 오버로크 처리한다.

4. 밑아래(손가락이 가리키는 곳)를 박음질하고 오버로크 처리한다.

5. 주머니와 밑위를 집히는 곳 없이 박음질했는지 꼼꼼하게 확인한다.

3 허리벨트 연결하기

1. 허리벨트감을 겉을 맞대 반으로 접고 고무밴드 통로를 남긴 다음 박음질한다. 오른쪽은 확대한 사진이다.

2. 다리미를 이용해 허리벨트의 시접을 가름솔 처리한다.

3. 허리벨트를 반으로 접어서 다시 한번 다린다. 통로가 있는 쪽이 안쪽이 된다.

4. 허리벨트의 고무밴드 통로와 뒤중심 위치를 맞춰 빙 둘러 박음질하고 오버로크 처리한다.

①처럼 고무밴드 통로가 뒤중심 안쪽을 향해야 한다.

② 확대한 사진을 보면 좀 더 이해하기 쉽다.

5. 옷핀 등을 이용해 고무밴드를 고무밴드 통로 안으로 통과시킨다.

6. 허리벨트 반대쪽에서 빼낸 고무밴드를 겹쳐서 박는다.

7. 시접을 한쪽으로 몰아 한 번 더 상침해 고정한다(고무밴드 넣기 P.46).

4 밑단 정리하기

1. 밑단을 오버로크 처리하고 2cm로 한 번 접어박는다. 시접을 1cm와 2cm로 두 번 접어박아도 OK.

5 완성

TIP 바지의 기장을 늘려서 긴 팬츠를 만들 수도 있다.

TIP 바지 밑단에 고무밴드를 끼우고 프릴을 장식하면 귀여운 분위기의 호박 팬츠 파자마가 된다.

Basic Item 07

스트레이트 라인 스커트
Straight Line Skirt

베이직한 라인의 스커트는 어느 데일리룩이든 깔끔하게 어울립니다.
만들기 어렵지 않은 데다 원단을 바꾸기만 해도 느낌이 휙휙 달라져 보람을 주죠.
스커트에 활용하는 다트는 원피스를 비롯한 모든 옷에 멋스러운 입체 라인을 만들어줍니다.
지퍼 다는 연습을 하기에도 더할 나위 없습니다. 기장을 자유롭게 조절해서
좋아하는 원단이나 독특한 모직 등으로 스커트를 만들어보세요!

Basic Item 07
스트레이트 라인 스커트
Straight Line Skirt

[재료]

겉감　　　1마(120cm × 80cm)
실크 심지　1/4마
콘실지퍼　　30cm × 1개

[봉제법]

밑단 마감 P.30 , 콘실지퍼 달기 P.40 , 다트 넣기 P.36 , 심지 붙이기 P.38

[완성 치수]

사이즈	허리둘레	총 기장
44	65cm	46cm
55	69cm	47cm
66	73cm	48cm
77	77cm	49cm

※ 모델 컷은 44 패턴의 기장을 짧게 조절한 것이다.
※ 제시한 원단 소요량은 넉넉한 요척으로 계산했으나 각 원단의 폭이나 재단 방식에 따라 차이가 날 수 있다.

[재단 배치도]

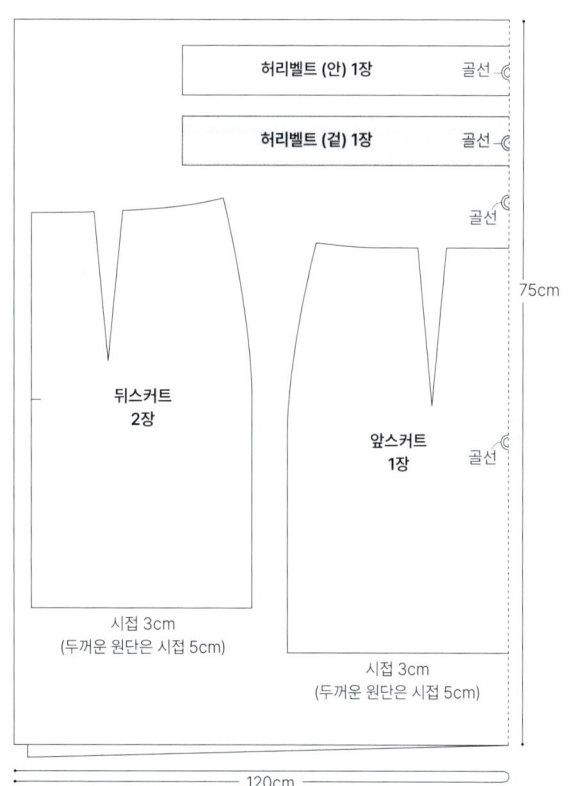

※ 정해진 곳 외의 시접은 모두 1cm.
※ 회색 부분에는 소잉 심지를 붙인다.

(만드는 순서)

1 스커트 연결하기

1. 스커트감을 오버로크 처리하고 겉을 맞대 다트를 박음질한다. 다트는 옆선을 향하도록 다린다(다트 넣기 P.36).

 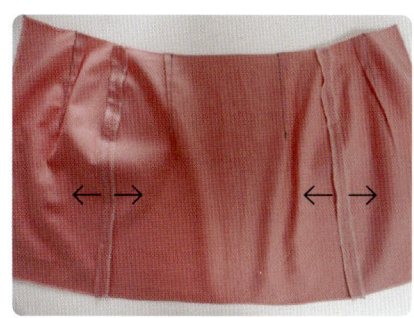

2. 앞스커트와 뒤스커트를 겉끼리 맞대어 옆선을 박음질한다.

3. 옆선 시접은 가름솔 처리한다.

2 허리벨트와 지퍼 연결하기

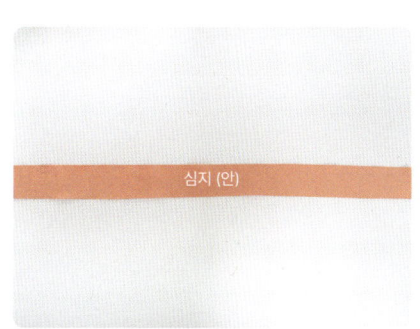 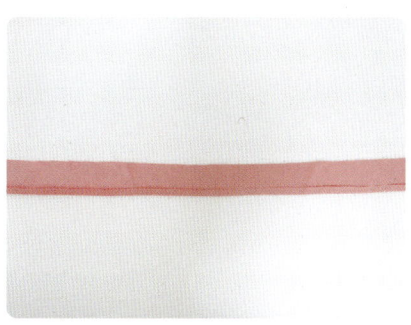 

1. 겉허리벨트 안쪽에 심지를 붙인다.

2. 안허리벨트는 한쪽 시접을 안으로 접어서 다린다.

3. 심지를 붙인 겉허리벨트를 스커트 허리선에 겉을 맞대어 연결한다.

 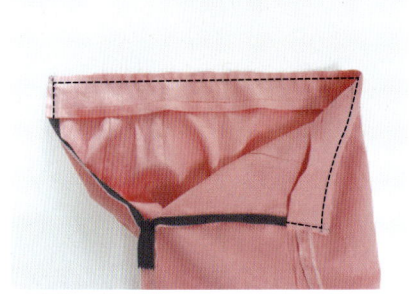 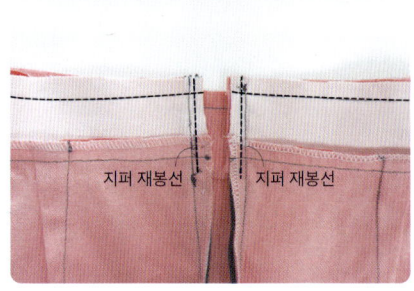

4. 콘실지퍼를 연결하고 뒤중심선을 맞대어 박음질한다. 시접은 가름솔해 정리한다(콘실지퍼 달기 P.40).
   TIP 양쪽 허리선이 잘 맞닿도록 주의!

5. 겉허리벨트와 안허리벨트를 겉끼리 맞대어 연결한다.

6. 지퍼 부분은 지퍼선 바깥으로 박음질한다.

7. 허리벨트를 뒤집어 다림질하고 시접을 벨트 안쪽으로 정리한 다음 2mm 간격으로 상침한다.

3 허리벨트와 밑단 마감하기

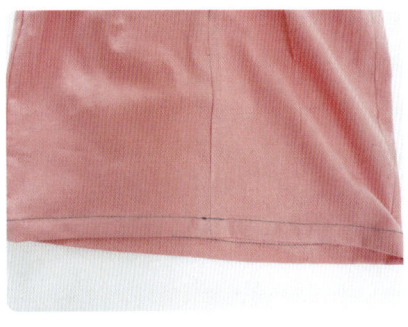

1. 밑단은 2cm 시접으로 한 번 접어박거나 1cm와 2cm로 두 번 접어박아도 OK! 모직 원단이라면 시접양을 충분히 넣은 다음 1cm와 4cm로 두툼하게 두 번 접어박으면 더욱 멋스럽다.

4 완성

TIP 스커트 기장을 더욱 짧게 조절하면 트렌디한 룩과 어울린다(샘플의 기장은 옷본에서 10cm 정도 잘라냈다).

TIP 스커트 기장을 길게 늘리면 걸을 때 불편해진다. 무릎 정도까지만 늘리는 것을 추천한다.

Basic Item 08

투웨이 하이넥 블라우스
Two-way High-neck Blouse

외출복으로도 출근룩으로도 손색없는 정갈한 하이넥 블라우스.
위아래 주름이 잡힌 소매로 로맨틱한 분위기를 한 스푼 가미했습니다.
하이넥 칼라는 여러 방법으로 만들 수 있는데 이 블라우스에는 셔츠와 같은
뒷면에 요크와 단추 여밈을 섞어 투웨이로 입을 수 있도록 디자인했습니다.
하이넥 블라우스가 필요할 때는 앞면으로,
셔츠칼라 블라우스가 입고 싶을 때는 뒤집어 입을 수 있지요.

Basic Item 08
투웨이 하이넥 블라우스
Two-way High-neck Blouse

(재료)

겉감　　2마(140cm × 150cm)
실크 심지　1/4마
단추　　9개

(봉제법)

밑단 마감 P.30, 단춧구멍 만들기 P.39, 소매 연결하기 P.37, 심지 붙이기 P.38

(완성 치수)

사이즈	어깨너비	가슴둘레
44	37cm	83cm
55	38cm	87cm
66	39cm	91cm
77	40cm	95cm

※ 제시한 원단 소요량은 넉넉한 요척으로 계산했으나 각 원단의 폭이나 재단 방식에 따라 차이가 날 수 있다.

(재단 배치도)

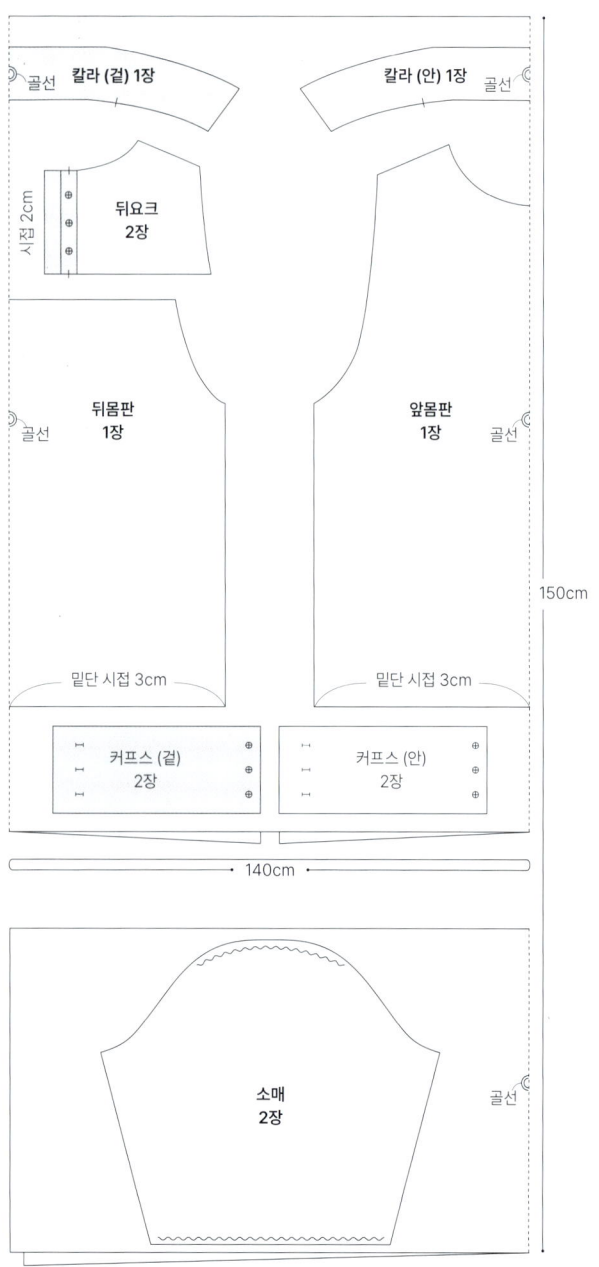

※ 정해진 곳 외의 시접은 모두 1cm.
※ 회색 부분에는 소잉 심지를 붙인다.

〔만드는 순서〕

1 몸판 만들기

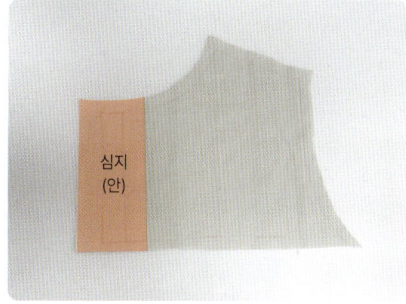

1. 뒤요크 여밈단 안면에 심지를 대어 붙인다. 원단이 충분히 탄탄하다면 생략해도 OK.

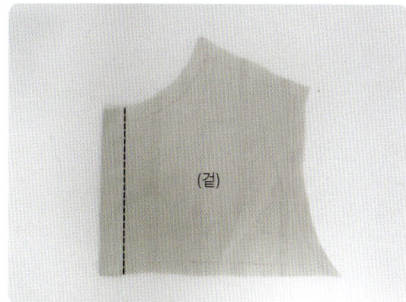

2. 여밈단을 2cm로 안쪽에서 두 번 접어박고 단춧단을 만든다. 뒤요크 2장 모두 1과 2를 동일하게 진행한다.

3. 한쪽 단춧단에 단춧구멍을 박는다. 사용하는 재봉틀 기종에 단춧구멍(P.39) 기능이 없으면 세탁소나 수선집을 이용하자.

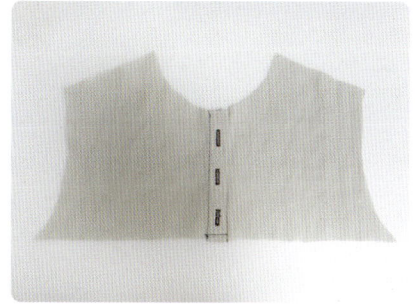

4. 단춧구멍을 뚫은 쪽이 위로 올라오도록 여밈단을 겹치고 고정한다.

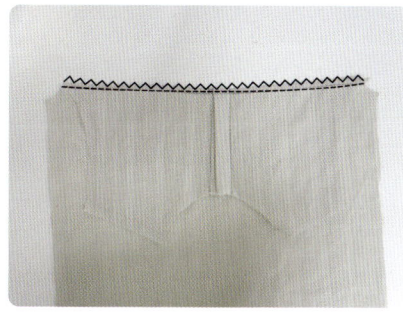

5. 여밈단과 뒤몸판을 겉끼리 맞대어 박음질하고 오버로크한다.

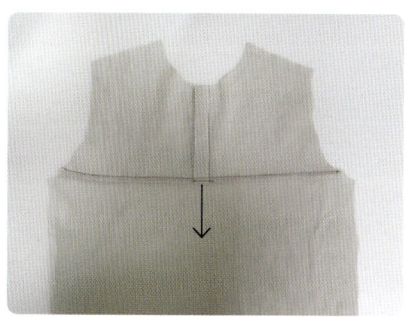

6. 시접을 몸통 방향으로 넘겨 다림질한다.

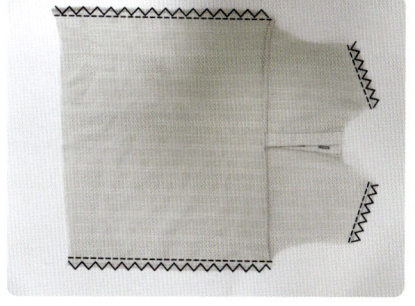

7. 앞몸판과 뒤몸판을 겉끼리 맞대어 어깨선과 옆선을 박고 오버로크한다.

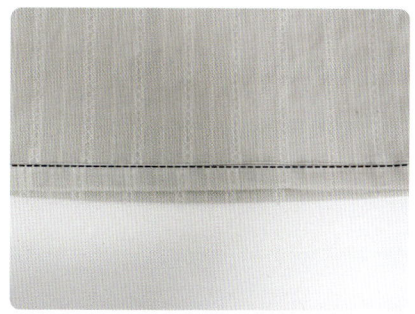

8. 밑단을 폭 1cm와 2cm로 두 번 접어박는다. 단, 오버로크 처리하고 폭 2cm로 한 번만 접어박아도 OK.

2 칼라 만들기

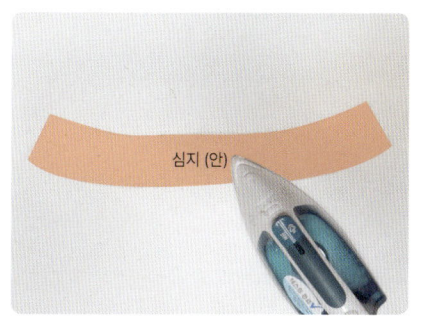

1. 겉칼라 안면에 심지를 대어 다린다.

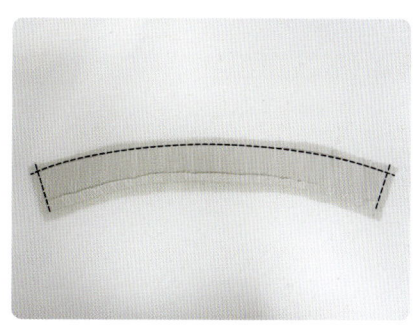

2. 심지를 대지 않은 쪽(안칼라)의 아래 시접 1cm를 안쪽으로 접어서 다린 다음 겉칼라와 안칼라를 겉끼리 맞대어 박음질한다. 이때 접은 시접은 그대로 밟고 지나간다.

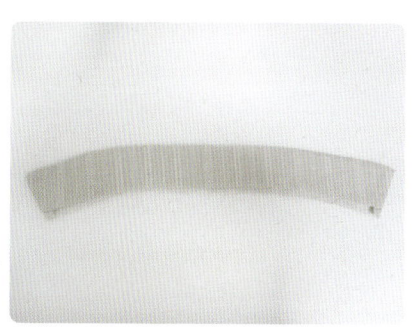

3. 뒤집어서 다린다.

3 단춧구멍이 있는 커프스 만들기

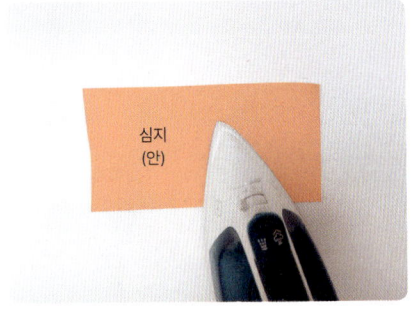

1. 겉커프스 안면에 심지를 대고 다린다.

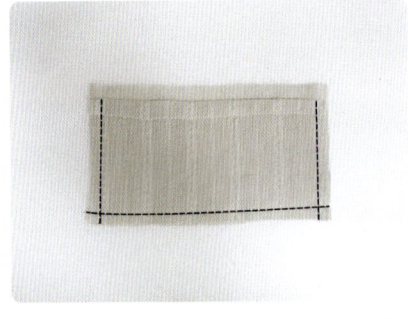

2. 심지를 대지 않은 커프스(안커프스)의 위쪽 시접을 안으로 접어서 다리고, 커프스 겉끼리 맞대어 박음질한다. 이때 접은 시접은 그대로 밟고 지나간다.

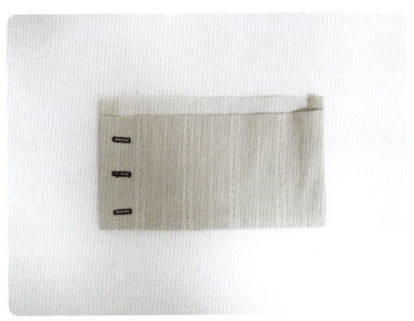

3. 커프스를 뒤집어 다린 다음 한쪽 면에 단춧구멍을 만든다. 단춧구멍 대신 천 루프를 쓰고 싶다면 작품 17 P.183-184 을 따라 만든다.

TIP 맞직각 모서리는 시접을 접어서 잡고 뒤집으면 더욱 깔끔하고 예리한 모양으로 완성된다.

4 비숍소매 만들기

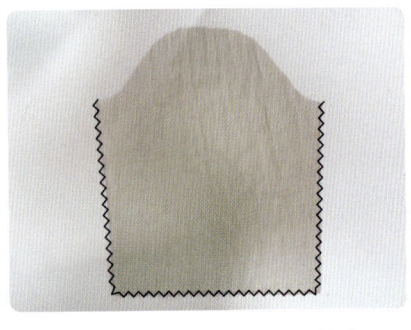

1. 소매산을 제외한 3면을 오버로크한다.

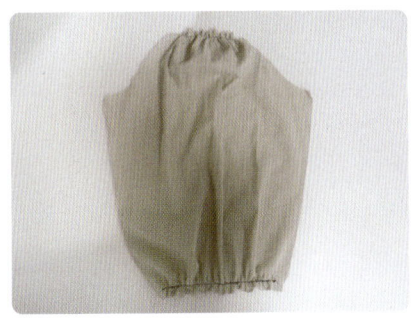

2. 소매산 중앙과 소맷부리에 주름을 고루 잡는다. 단, 소맷부리는 커프스 둘레에 맞도록 주름을 조절한다.

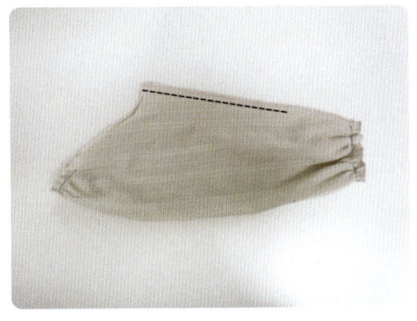

3. 소매통을 소맷부리 트임까지 박음질한다.

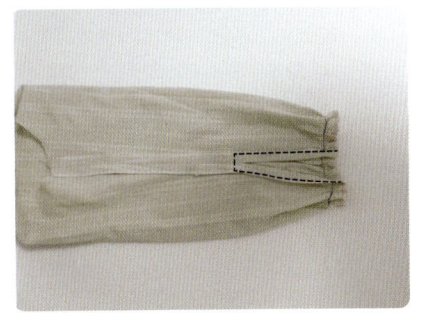

4. 소매통 시접을 가름솔 처리한다. 소맷부리쪽 트인 시접을 단단하게 고정하고 싶다면 ㄷ자 모양으로 시접을 상침해도 OK!

5. 소맷부리와 커프스 시접의 겉을 맞대어 연결한다.

6. 시접을 커프스 안쪽으로 정리한다.

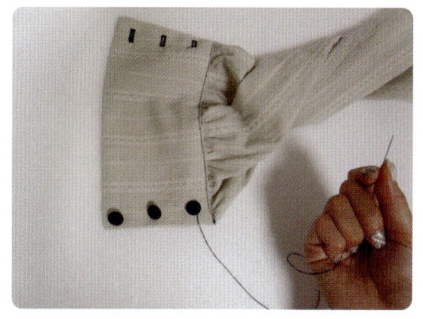

7. 커프스 겉에서 2mm 안쪽으로 상침한다.

8. 커프스에 단추를 손바느질해 단다.

5 칼라와 소매 연결하기

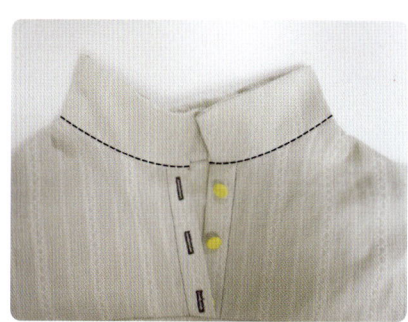

1. 겉칼라 시접과 겉몸판의 목둘레를 맞춘 다음 박음질한다.

2. 몸판의 시접을 칼라 안쪽으로 정리한다.

3. 칼라 2mm 안쪽으로 상침하고 단추를 손바느질한다.

4. 3에서 만든 소매를 몸판에 연결한다. 주름의 중앙 부분이 어깨선에 오도록 하고 소매둘레에 맞춰 주름을 줄이거나 풀어서 조절한다(소매 연결하기 P.37).

5. 진동둘레 시접을 오버로크 처리한다.

6 완성

TIP 커프스에 단추 대신 천 루프를 사용하면 더욱 클래식한 분위기가 된다.

TIP 맞여밈이 있는 부분을 앞면으로 입으면 셔츠 같은 느낌을 낼 수 있다. 이 블라우스를 다양한 재질로 만들어 사계절을 코디해보자.

캐주얼하면서도 개성을 살릴 수 있는 디자인은 매력적입니다.
그중에서도 리본은 깔끔하게도, 귀엽게도 연출할 수 있어
디자인하다 보면 나도 모르게 꼭 넣게 되는 요소 중 하나예요.
이번 아이템은 스퀘어 네크라인 블라우스에 뒤트임과 긴 리본 여밈, 고무밴드를
활용한 퍼프소매를 달아 디자인했습니다. 브라렛이나 다양한 이너웨어로 레이어드하면 더욱 멋스럽죠.
한 사이즈 크게 만들면 가을이나 겨울에도 포근한 이너 위에 받쳐입기 좋답니다.

Basic Item 09
스퀘어넥 퍼프 블라우스
Square Neck Puff Blouse

(재료)

겉감	대폭 1.5마(150cm × 130cm)
실크 심지	1/2마
고무밴드	1마(폭 6mm × 90cm)
단추	1개
단춧고리	1개(천 루프로 대체 가능)

(완성 치수)

사이즈	어깨너비	가슴둘레
44	37cm	83cm
55	38cm	87cm
66	39cm	91cm
77	40cm	95cm

※ 뒤가 트여 있는 스타일로 가슴둘레와 허리둘레는 큰 의미가 없으니 어깨너비에 맞춰 제작한다.
※ 제시한 원단 소요량은 넉넉한 요척으로 계산했으나 각 원단의 폭이나 재단 방식에 따라 차이가 날 수 있다.

(봉제법)

다트 넣기 P.36, 소매 연결하기 P.37, 천 루프 만들기 P.46, 안단 달기 P.38, 주름 만들기 P.42

(재단 배치도)

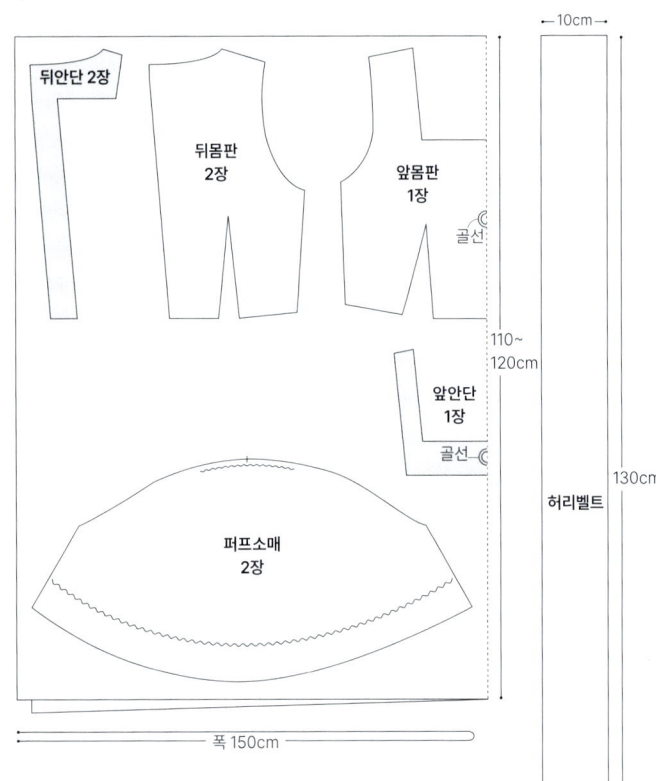

※ 정해진 곳 외의 시접은 모두 1cm.
※ 회색 부분에는 소잉 심지를 붙인다.
※ 허리벨트는 시접을 포함해 폭 10cm × 길이 130cm 이상 별도로 재단한다. 원단 폭보다 허리벨트 길이를 길게 하려면 3장을 재단해 양옆을 박음질해 잇는다. 샘플은 길이 150cm로 재단한 것이다.

〔 만드는 순서 〕

1 블라우스 안단 만들기

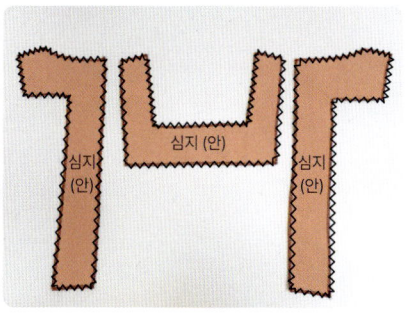

1. 앞안단과 뒤안단 안면에 심지를 대어 다리고 오버로크 처리한다.

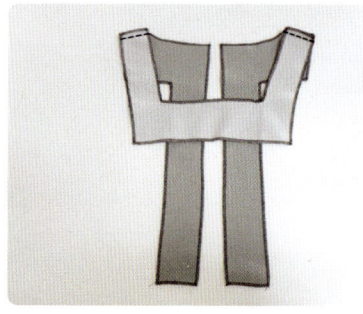

2. 앞안단과 뒤안단을 겉끼리 맞대어 어깨선을 박음질한다.

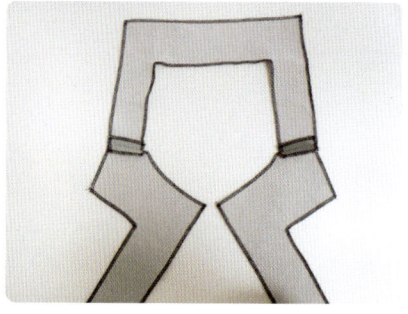

3. 어깨 시접을 가름솔 처리한다.

2 블라우스 몸판 만들기

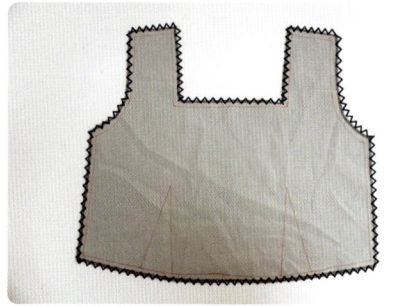

1. 앞몸판을 오버로크 처리한다.

2. 뒤몸판도 오버로크 처리한다.

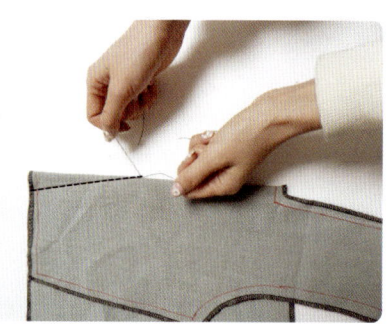

3. 앞몸판과 뒤몸판의 다트를 박음질한다(다트 넣기 P.36).

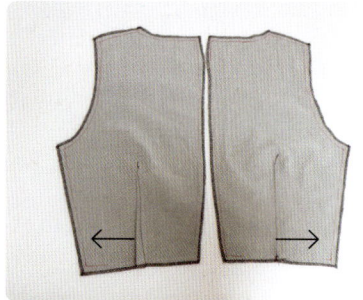

4. 다트가 옆선을 향하도록 눕혀서 다린다.

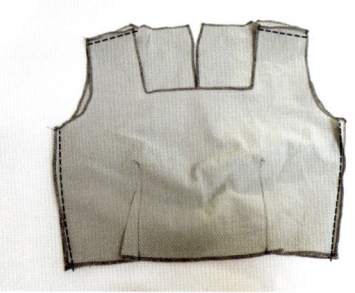

5. 앞몸판과 뒤몸판을 겉끼리 맞대어 양 옆선과 어깨를 함께 박음질하고 시접을 가름솔로 처리한다.

6. 뒤몸판에 단춧고리를 5mm 시접으로 고정한다. 이때 네크라인 시접은 피하고 고리 부분이 안쪽을 향하도록 한다. 천 루프로 단춧고리를 만들어도 OK!

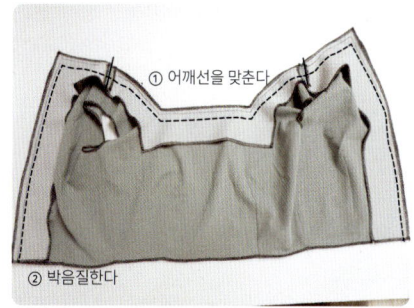

7. 몸판과 안단의 어깨선을 맞추고 겉을 맞대어 박음질한다.

8. 앞판 네크라인 모서리에 가위집을 넣고 안단을 안으로 꺾어 넣어 다린다.

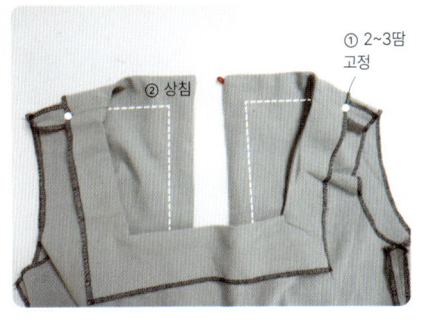

9. ① 안단이 밖으로 뒤집히지 않도록 안단과 겉감의 어깨선 시접을 두세 땀 정도 함께 겹쳐서 시침해 고정한다. ② 뒤안단은 시접선 위로 한번 더 상침한다.

10. 블라우스 몸판을 완성한 모습.

3 고무밴드를 단 퍼프소매 만들기

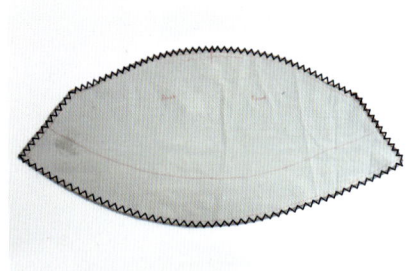
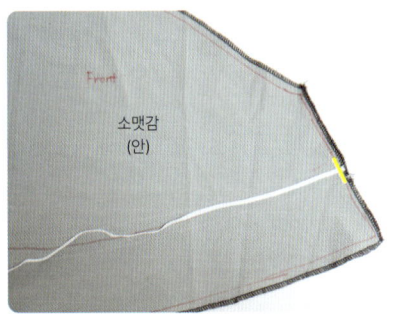

1. 소맷감을 오버로크로 처리한다.

2. 위치를 맞춰 소맷감의 안면에 고무밴드 한쪽 끝을 고정한다.

3. 위쪽의 고무밴드만 조금씩 당겨가며 맞은편 소매 끝까지 박음질한다.

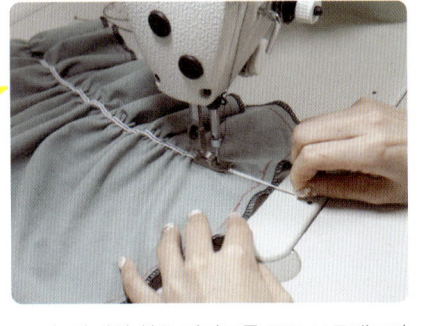
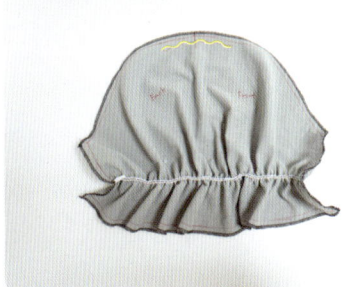

4. 단, 아래의 천은 펴지도록 두고 고무밴드만 당기는 것이 포인트.

5. 소매산 부분에 주름을 고루 잡는다(주름 만들기 P.42).

6. 겉을 맞대어 소매통을 박음질한다.

7. 시접을 가름솔로 처리하고 소맷부리 끝을 1cm 접어박는다.

8. 진동둘레 안으로 소매를 넣는다. 이때 소매의 솔기와 옆선을 잘 맞추고 소매산 주름의 중심이 어깨선에 오도록 한다. 진동둘레와 소매가 맞지 않는다면 주름을 더 넣거나 풀어가며 조절한다(소매 연결하기 P.37).

9. 몸통과 소매를 연결하고 진동둘레 시접을 오버로크 처리해 정리한다.

4 허리벨트 연결하기와 단추 달기

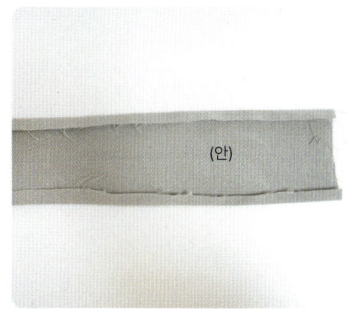 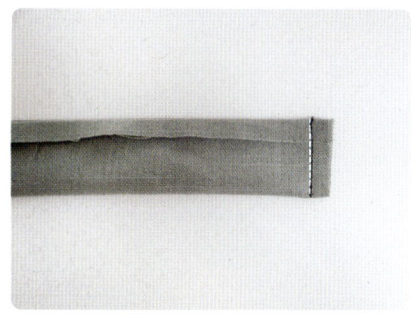 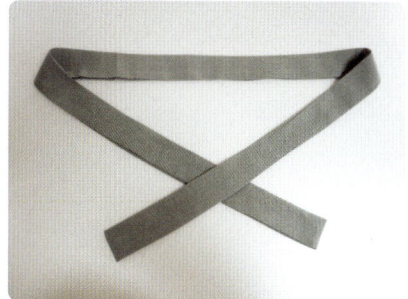

1. 허리벨트의 위아래 시접을 안쪽으로 접어서 다린다.

2. 허리벨트를 겉끼리 맞대어 양 끝을 박음질하고 뒤집는다. 이때 접은 시접은 그대로 밟고 지나간다.

3. 반으로 잘 접어 다림질한다.

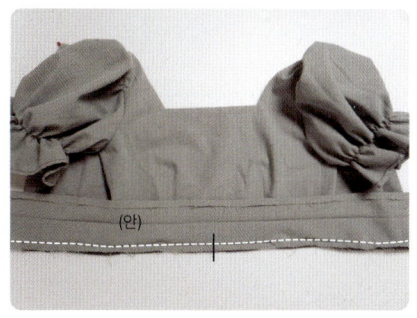 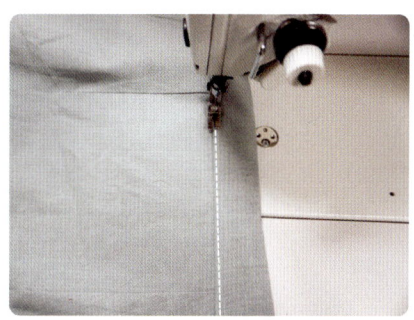 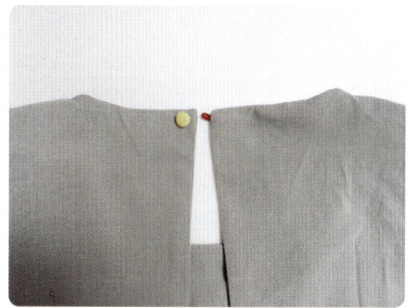

4. 허리벨트를 다시 펼쳐 겉면을 블라우스 몸통 밑단 중앙에 맞춘 다음 죽 이어서 박음질한다.

5. 몸통의 밑단 시접이 허리벨트 안쪽으로 들어가도록 정리하고 허리벨트 겉면 2mm 안쪽으로 상침한다.

6. 여미는 부분에 단추를 달아서 완성한다.

5 완성

TIP 리본의 길이를 조절해 다양한 스타일링을 할 수 있다.

스트레이트 라인 스커트에서 살짝 변형해 색다른 디자인을 만들어보겠습니다.
여밈단과 프릴을 이용해 사랑스러운 분위기의 스커트로 업그레이드해보세요!
간단히 밴딩을 넣어 실루엣을 조절해볼까요. 밴딩을 넣으면
허리에 더욱 꼭 맞는 예쁜 모양과 편안한 착용감을 선사한답니다.
물론 스트레이트 라인 스커트 P.98 에도 적용할 수 있습니다!

Basic Item 10
머메이드 프릴 밴딩 스커트
Mermaid Ruffle Banding Skirt

[재료]

겉감	대폭 1.5마(150cm × 100cm)
실크 심지	1/4마
고무밴드	폭 2cm × 20cm
단추	7개(너비 20mm 미만)

[봉제법]

밑단 마감 P.30, 다트 넣기 P.36, 주름 만들기 P.42, 프릴 연결하기 P.43, 심지 붙이기 P.38, 단춧구멍 만들기 P.39

[완성 치수]

사이즈	허리둘레	총 기장
44	65cm	61cm
55	69cm	62cm
66	73cm	63cm
77	77cm	64cm

※ 제시한 원단 소요량은 넉넉한 요척으로 계산했으나 각 원단의 폭이나 재단 방식에 따라 차이가 날 수 있다.

[재단 배치도]

※ 정해진 곳 외의 시접은 모두 1cm.
※ 회색 부분에는 소잉 심지를 붙인다.
※ 프릴감은 바이어스 방향으로 재단하면 더욱 예쁜 모양을 만들 수 있지만 원단의 여백이 부족하다면 방향을 지키지 않아도 무방하다. 이 책에서는 바이어스 방향으로 재단하지 않고 남은 원단의 여백을 프릴감으로 활용했다.

〔 만드는 순서 〕

1 스커트 연결하기

1. 뒤스커트를 재단하고 오버로크 처리한다.

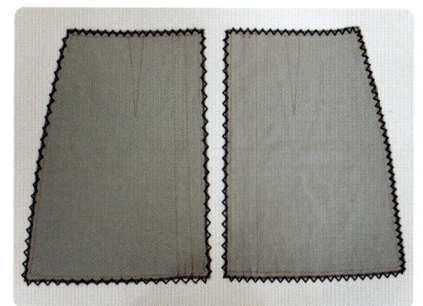
2. 앞스커트도 재단하고 오버로크 처리한다.

3. 앞스커트 여밈단 안쪽에 심지를 대어 다린다. 도톰한 원단은 심지를 생략해도 OK.

4. 여밈단을 안쪽에서 폭 2cm로 두 번 접어 다리고 박음질한다.

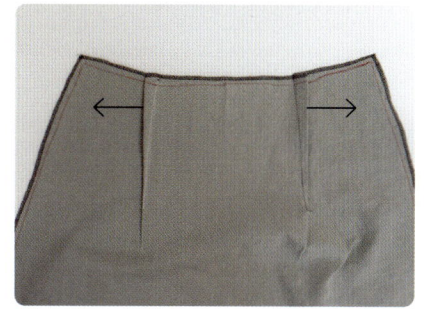
5. 앞스커트와 뒤스커트의 다트를 박음질하고 옆선을 향하도록 넘겨서 다린다(다트 넣기 P.36).

6. 앞스커트와 뒤스커트를 겉끼리 맞대어 옆선을 박음질하고 시접을 가름솔 처리한다.

2 허리벨트 연결하기

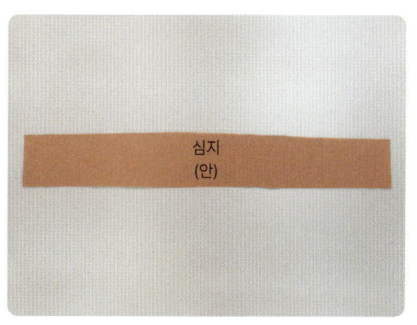
1. 허리벨트 안쪽에 심지를 붙인다.

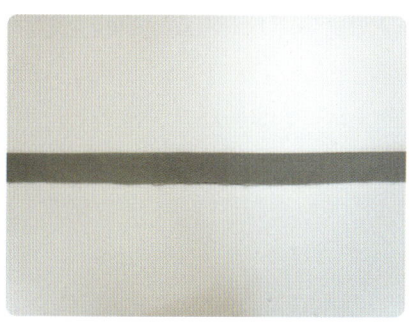
2. 허리벨트를 반으로 접어서 다린 다음
3. 한쪽 시접만 안으로 1cm 접어서 다린다.

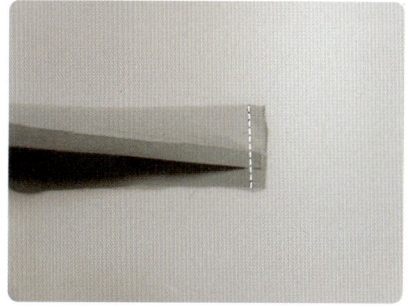
4. 허리벨트의 겉을 맞대어 양 끝을 박음질한다. 이때 접은 시접은 밟고 지나간다.

5. 허리벨트를 뒤집어서 다린다.

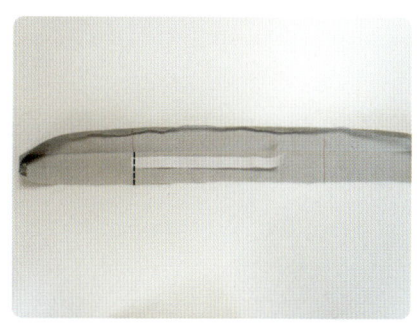
6. 허리벨트 안면의 밴드 자리에 맞춰 고무밴드 한쪽을 고정한다.

7. 고무밴드를 붙인 쪽이 위를 향하도록 두고 스커트 허리 겉면에 허리벨트 겉면을 맞대고 박음질한다.

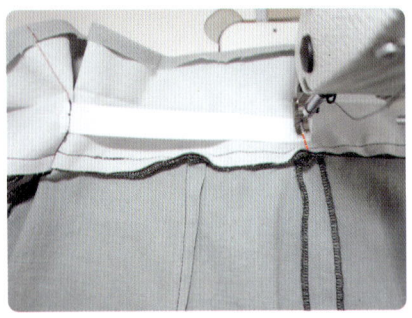 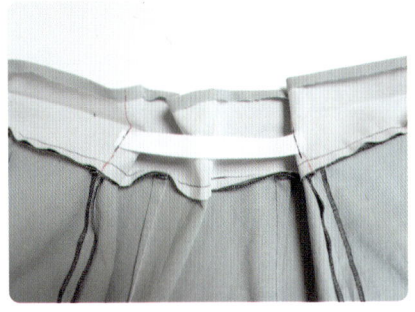 

8. 허리벨트 안면의 맞은편 밴드선에 고무밴드 반대쪽 끝을 박음질해 고정한다.

TIP 고무벨트 뒷면의 허리벨트감이 주름진 형태가 되어야 한다.

9. 허리벨트 안쪽으로 시접을 정리하고 겉면에서 2mm 안쪽으로 상침한다. 고무밴드가 있는 부분은 천이 펴지도록 당겨가며 상침하는 것이 포인트.

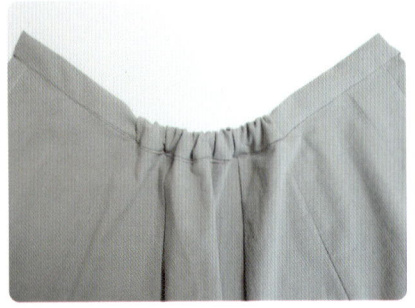  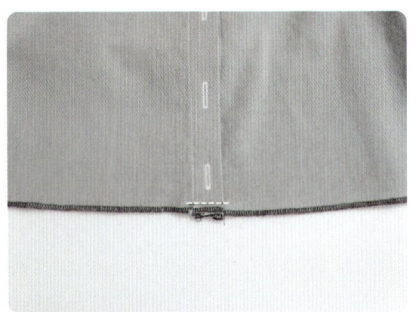

TIP 밴딩이 들어간 모습.

10. 여미는 위치에 맞춰 단춧구멍을 만든다. 벨트 자리에는 가로로, 스커트 여밈단에는 세로로 구멍을 뚫는다.

11. 단춧구멍이 있는 쪽이 위를 향하도록 겹치고 여밈단을 고정한다.

3 프릴과 단추 달기

 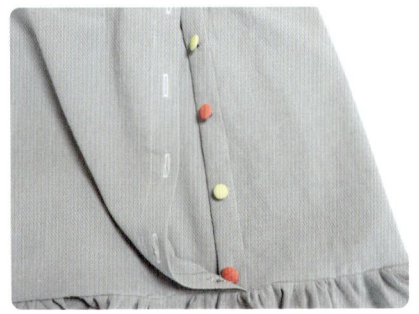

1. 프릴단을 만들어 밑단에 빙 둘러 박음질하고 오버로크 처리한다(작품 11-7 P.134). 프릴 밑단은 오버로크 처리하고 한 번 접어박거나 밑단의 폭을 0.5cm와 1cm로 두 번 접어박는다(밑단 마감 P.30). 밑단에 레이스를 다는 등 원하는 대로 장식해도 OK.

2. 단추를 손바느질해 단다.

4 완성

TIP 시원한 원단으로 만들면 여름과 어울리는 바캉스룩으로 활용할 수 있다.

TIP 프릴 기장을 길게 조절해 우아한 분위기로도 만들어보자!

Photo Essay
내가 만든 옷과 함께한 이야기들

옷으로 어떤 추억까지 만들 수 있을까요. 내가 만든 드레스를 입으니 상상도 못 했던 마법 같은 일들이 현실로 일어났습니다.

디즈니 에피소드

디즈니를 향한 팬심에서 옷 만들기를 시작했기 때문일까요. 디즈니 작품의 커버 촬영을 할 때마다 놀라운 경험을 했습니다.

    2014년에 엘사가 〈렛 잇 고(Let it go)〉를 부르며 얼음성을 쌓아 올릴 때, 오랜 디즈니 팬이어서 그 벅참을 주체하지 못하고 엘사와 안나의 드레스를 만들었는데, 겨울을 연상시키는 여러 재료로 보다 고

급스런 디자인을 구현해보고자 했습니다. 안나 역할로는 사촌 동생을 데려와 자매 화보를 촬영해 올렸더니 많은 〈겨울왕국〉 팬들의 관심을 받았습니다. 이 촬영 덕분에 디즈니 프린세스에 대한 동심이 다시 살아나 어릴 때 좋아하던 디즈니 작품 속 의상들을 만들어보는 계기가 되었습니다.

2016년에 개봉한 〈주토피아〉의 메시지와 영상미에 디즈니 팬은 또 한 번 감동을 받았습니다. 곧바로 토끼 경찰 주디의 이미지를 사람으로 재해석해 경찰 조끼를 만들고 커버 화보를 작업했는데, 이 디자인이 〈주토피아〉 팬들이 상상했던 주디의 실사 이미지에 잘 들어맞은 모양이에요. 특히 태국과 인도네시아의 소셜 미디어에서 이 사진

디즈니랜드를 배경으로 촬영한 〈인어공주〉 화보

이 엄청난 인기를 구가했습니다! 어느새 퍼진 사진의 인기 덕분에 여러 동남아 애니메이션 행사에 공식 게스트로 초청을 받았고, 해외에서 팬 미팅과 팬 사인회를 진행했죠. 먼 나라에서도 이런 취미에 관심을 가져준다는 게 신기했습니다. 처음으로 해외 팬과 소통한 소중한 경험이었습니다.

2018년 즈음 도쿄 디즈니랜드의 핼러윈을 알게 되었습니다. 일반적으로 디즈니랜드는 성인의 전신 가장 입장을 허용하지 않는데, 도쿄 디즈니랜드는 매년 핼러윈 시즌에만 한시적으로 전신 가장 입장을 허용합니다. 디즈니랜드를 배경으로 프린세스 화보를 촬영할 기회를 놓칠 수 없었죠. 곧바로 가장 사랑하는 프린세스인 〈인어공주〉 에리얼의 드레스를 온 정성을 다해 지었습니다. 현실에서 드레스가 화려하면서도 아름다우려면 어떤 재질의 원단을 사용할지 고민하며 비즈와 진주로 장식했습니다.

에리얼 드레스를 들고 일본 디즈니랜드로 날아갔더니 수많은 디즈니 팬이 1년 동안 준비한 멋진 코스튬을 입고 곳곳에서 촬영하는 광경이 눈앞에서 펼쳐졌습니다. 내 드레스는 디즈니 팬과 방문객 사이에서도 주목을 받았는데, 에리얼의 테마파크인 머메이드 라군에 갔더니 나를 디즈니랜드의 에리얼 캐스트로 오해한 방문객들이 나와 사진을 찍기 위해 길게 줄을 서는 일이 벌어지고 말았습니다. 나와 친구들은 일본어를 몰라 크게 당황했는데, 어쩔 줄 모르고 웃으며 하염없이 방문객들과 사진을 찍어주는 나를 구출하기 위해 친구들은 기지를 발휘해야 했습니다.

　〈겨울왕국 2〉(2019년)는 기대가 큰 까닭에 미리 공개된 트레일러와 포스터를 보며 엘사와 안나의 의상을 만들며 개봉을 기다렸습니다. 더욱 발전한 그래픽과 화질에는 주인공들의 원단 재질까지 실사처럼 선명히 보였지만 5년 사이 나도 디자인에 대한 고집이 생겨 엘사의 옷에 나만의 감각을 넣어 재현했습니다. 의상의 그래픽들을 웨딩 레이스로 바꾸고, 평면적인 무늬도 입체적인 보석 장식으로 교체해가며 실사 영화 같은 완성도를 만들어보고자 했습니다.

　개봉 다음 날로 화보 촬영 일정을 잡아두고는, 개봉 당일 휴가를 내고 조조로〈겨울왕국 2〉를 관람했습니다. 감동으로 눈물을 흘리며 보고 있는데 영화의 하이라이트에서 갑자기 엘사의 옷이 화려한 드레스로 변하는 장면이 나타났습니다! 디즈니에서 비밀리에 준비한, 스포일러를 꽁꽁 숨긴 엘사의 '쇼 유어셀프(Show yourself)' 드레스였죠. 전율과 함께 저 드레스까지 만들지 않으면 이번 화보 촬영을 후회할 것 같다는 확신이 들었습니다.

　영화가 끝나자마자 동대문종합시장으로 날아가 웨딩 재료들을 잔뜩 구매해 하루 만에 드레스를 한 벌 더 만들었습니다. 영화 개봉을 기다리며 실사 의상에 대한 구체적인 이미지를 매일 상상하고 있었던지라 작업이 어렵지 않았습니다. 다음 날 5년 만에 다시 안나로 캐스팅된 사촌 동생을 데리고 친구들과 전국의 육지와 물 안팎으로 돌아다니며 화보를 촬영했습니다. 촬영하고 나서도 더 좋은 디자인과 재료가 생각나면 드레스를 새로 만들면서 점점 의상을 업그레이드해나갔습니다.

　그러던 어느 날, 놀라운 일이 펼쳐졌습니다! 엘사와 안나의 드레스 제작과 촬영 기록을 유튜브에 업데이트했더니 순식간에 100만이라는 조회 수를 달성했습니다. 이후에 받은 메시지는 더욱 엄청났습니다. 〈겨울왕국 2〉제작에 참여한 한국인 애니메이터 윤나라 님이 화보 작품을 인상 깊게 봤다며 월

작품 표지로 올라가 추억이 있는 웹툰 〈가담항설〉 커버 화보　　웹툰 플랫폼 '카카오페이지' 광고 사진

트디즈니애니메이션스튜디오에 초대를 해주었습니다. 2020년 2월, 친구들과 쓸 수 있는 모든 휴가를 긁어모아 빠르게 미국행 비행기 표를 예매했습니다. 와중에도 이 기회를 평범한 옷으로 갈 수는 없다는 생각에 며칠 밤을 새워서 엘사와 안나의 드레스를 한복으로 디자인해 만들었습니다.

엘사와 안나를 모티프로 한 한복을 입고 방문한 월트디즈니애니메이션스튜디오는 현실감이 없을 만큼 환상적인 공간이었습니다. 직원들이 직접 꾸민 디즈니 지하의 동화 같은 비밀 바, 미공개 일러스트부터 내부에 전시된 실사 의상들과 엄중한 보안으로 보관하고 있는 초판 일러스트, 디즈니 애니메이션이 만들어지는 애니메이터들의 작업 공간과 작업 과정까지 볼 수 있었습니다.

내가 만든 엘사와 안나 한복의 디자인에 대해서도 윤나라 애니메이터님과 이야기를 나누며 아이디어를 주고받았습니다. 비디오테이프가 늘어질 정도로 〈인어공주〉를 보던 4살짜리 아이가 지금 미국 월트디즈니애니메이션스튜디오에서 내가 만든 작품에 관해 이야기하고 있다는 게 믿어지지 않았죠. 그 순간은 지금도 힘든 일이 있을 때마다 이겨낼 수 있게 하는 추억으로 남아 있습니다.

좋아하는 것들을 계속 좋아할 힘을 얻고 온 순간이었습니다. 그 덕분일까요. 2021년에도 디즈니 프린세스를 향한 애정 어린 드레스 제작은 계속되었고 많은 분의 도움을 받아 수중 촬영까지 만족스럽게 진행했습니다. 보석처럼 빛나는 추억을 멋진 화보로 만드는 좋은 기회였습니다.

웹툰 에피소드

내가 좋아하는 웹툰의 표지가 되는 건 어떤 기분일까요. 단 하루였지만 신기한 경험이었습니다. 당시에 포털사이트 네이버에서 연재하던 〈가담항설〉이라는 웹툰을 즐겨 보며 등장인물들의 의상을 커버하고는 했는데, 어느 날 인스타그램에서 코스프레 사진 응모 이벤트가 열렸습니다. 〈가담항설〉을 모티프로 친구들과 화보도 찍고, 실사 단편영화까지 기획하고 촬영했기에 응모하지 않을 이유가 없었죠. 결과는 대상이었는데, 스페셜 이벤트가 숨겨져 있어 당선된 사진들이 만우절 이벤트로 웹툰 섬네일 표지에 업로드되었습니다!

만우절 하루 동안 내가 좋아하는 웹툰의 표지가 되는 황송하고 신기한 경험을 할 수 있었습니다. 물론 다른 작품들의 표지도 모두 실사 코스프레로 교체되어 수많은 섬네일 중 하나일 뿐이었지만 웹툰 팬들 사이에서 주목을 받았는지 제법 시간이 지난 지금까지 이 사진을 기억해주는 사람들이 많습니다. 참 감사하고 즐거운 추억이었습니다.

그 밖에도 즐겨 보던 웹툰 플랫폼인 '카카오페이지'의 광고를 맡아 주인공들의 드레스를 실제로 재현해 선보이기도 했습니다.

Chapter 3

하루를 빛내주는 데일리 드레스
Daily Dress

뷔스티에 드레스는 구성을 이해하기 쉽고 간단히 만들 수 있어
항상 옷 만들기의 기초에서 빠지지 않는 아이템입니다. 옷을 처음 만드는 사람이라면
책의 차례를 뒤적이며 쉬우면서도 보람 있는 작품을 찾고 있겠지요.
그렇다면 이 드레스로 첫 바느질을 시작해보세요!
기장이나 디테일만 살짝 바꿔도 이너부터 드레스까지 다양한 룩을 아우를 수 있습니다.
길게 만들어 프릴을 달면 사랑스러운 드레스가 되고,
짧게 만들어 받쳐입기 좋은 레이어드 블라우스로 바꿀 수도 있죠.
허리에 스트링을 넣어 핏을 조절하면 슬림핏으로도 연출 가능합니다.
뷔스티에 드레스와 함께 일상을 감성적인 분위기의 한 장면으로 만들어보세요.

Daily Dress 11
로맨틱 뷔스티에 드레스
Romantic Bustier Dress

[재료]

겉감　　대폭 3마(140cm × 270cm)
실크 심지　1/2마

[봉제법]

밑단 마감 P.30, 바이어스 만들기 P.43, 심지 붙이기 P.38, 주름 만들기 P.42

[완성 치수]

사이즈	가슴둘레	총 기장
44	83cm	128cm
55	87cm	129cm
66	91cm	130cm
77	95cm	131cm

※ 제시한 원단 소요량은 넉넉한 요척으로 계산했으나 각 원단의 폭이나 재단 방식에 따라 차이가 날 수 있다.

※ 정해진 곳 외의 시접은 모두 1cm.
※ 회색 부분에는 소잉 심지를 붙인다.
※ 어깨끈과 허리끈은 시접 없이 패턴대로 재단한다.
※ 프릴은 시접을 포함해 폭 27cm × 길이 240cm 이상 별도로 재단한다.
※ 프릴감은 바이어스 방향으로 재단하면 더욱 예쁜 모양을 만들 수 있지만 원단의 여백이 부족하다면 방향을 지키지 않아도 무방하다. 이 책에서는 바이어스 방향으로 재단하지 않고 남은 원단의 여백을 프릴감으로 활용했다.

[재단 배치도]

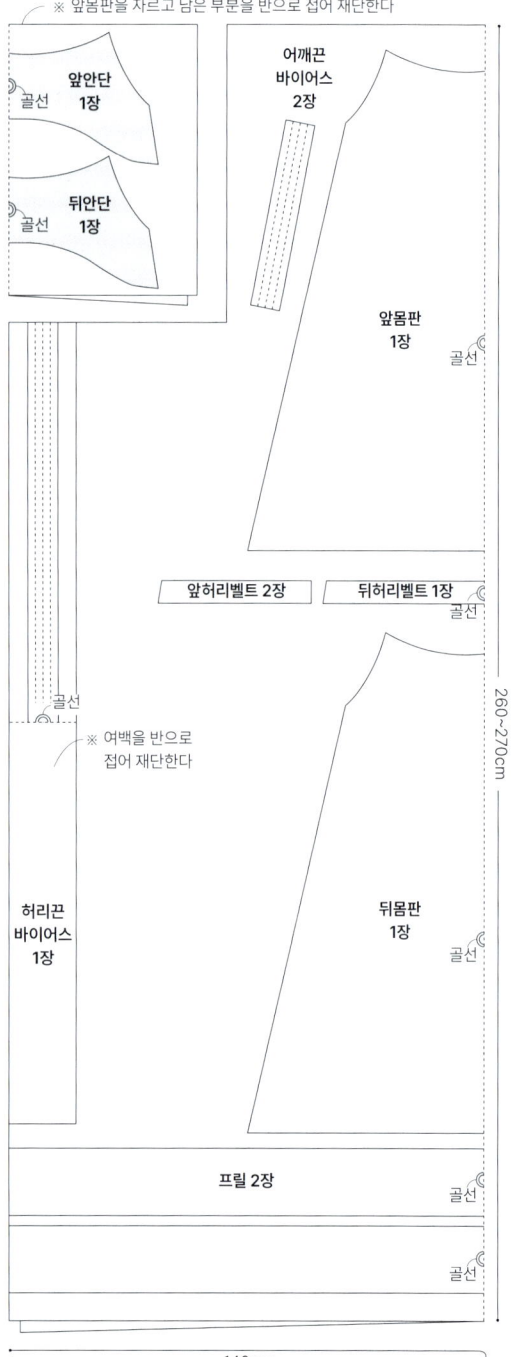

[만드는 순서]

1 안단 만들기

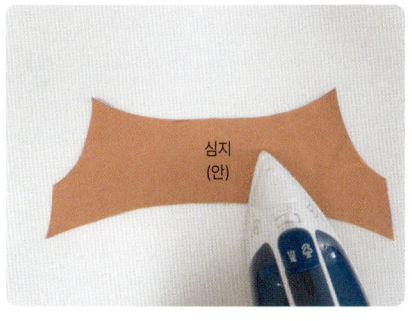

1. 앞안단과 뒤안단의 안면에 심지를 대어 다린다(심지 붙이기 P.38).

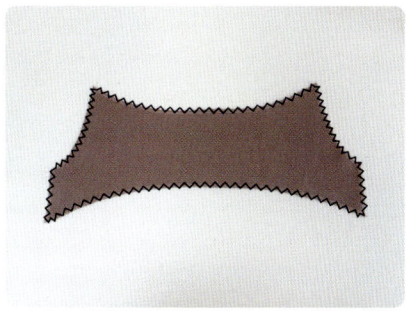

2. 앞안단과 뒤안단을 오버로크 처리한다.

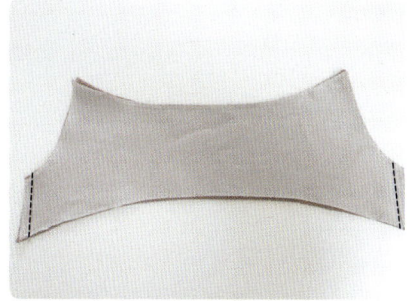

3. 앞안단과 뒤안단을 겉끼리 맞대고 양 옆선을 박음질한다.

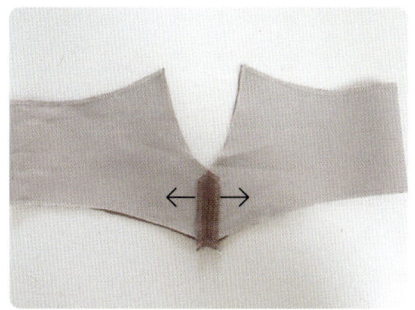

4. 안단의 옆선 시접은 가름솔로 정리한다.

2 어깨끈 만들기

1. 재단한 바이어스를 반으로 접어서 다린다.

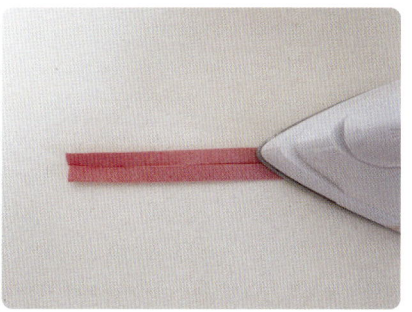

2. 중앙의 접은 선에 맞춰 위아래를 접어서 다린다.

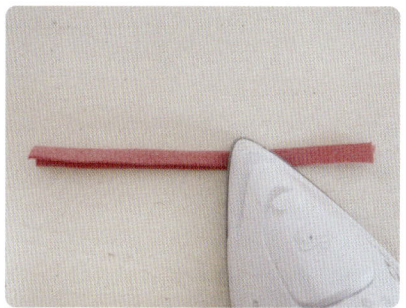

3. 한 번 더 접고 다린다.

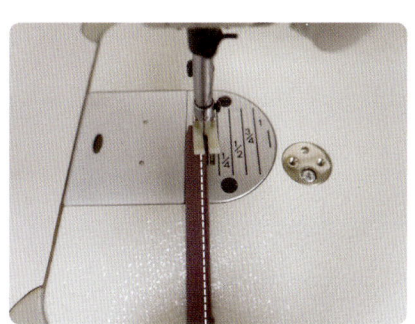

4. 접힌 바이어스의 네 겹 부분을 상침해 어깨끈을 2개 만든다(바이어스 만들기 P.43).

3 허리끈 만들기

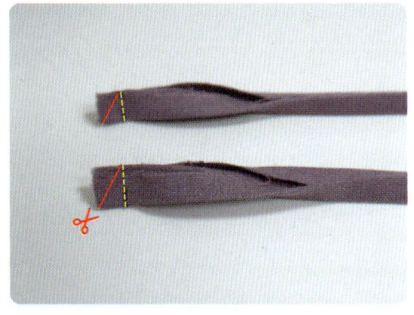 

1. 재단한 허리끈 바이어스를 어깨끈 만들기 (1·2·3)와 동일하게 진행한다.
2. 겉끼리 맞대어 접고 양 끝을 박음질한 다음 바깥쪽 시접을 대각선으로 자른다.
   - TIP 바깥쪽 시접을 대각선으로 자른 후 뒤집으면 시접이 튀어나오지 않아 깔끔하다.
3. 뒤집은 다음 접힌 바이어스의 네 겹 부분을 상침한다(바이어스 만들기 P.43).

4 허리벨트 만들기

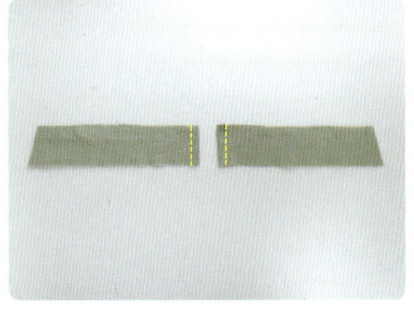 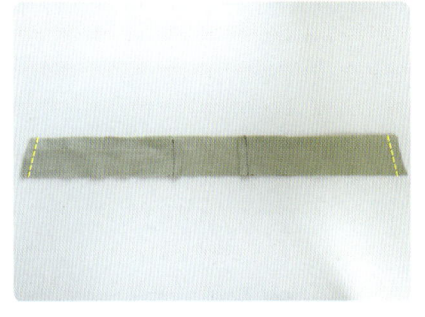 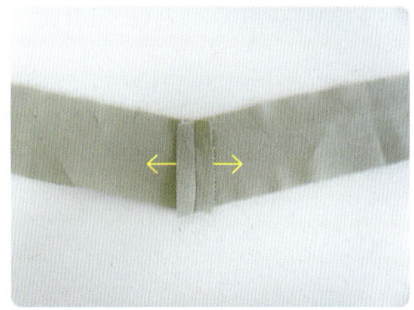

1. 허리벨트 입구를 1cm 시접으로 한 번 접어 박거나 0.5cm씩 두 번 접어 말아박기한다 (2가지 방법 모두 완성 모양에 차이는 없다).
2. 앞허리벨트와 뒤허리벨트를 겉끼리 맞대어 양 옆선을 박음질한다.
3. 옆선 시접을 가름솔 처리한다.

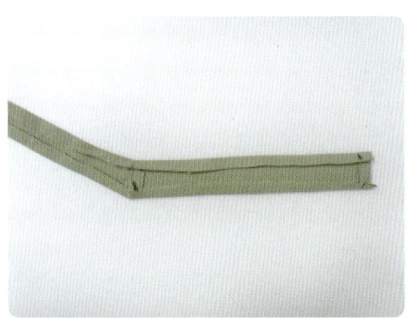

4. 위아래 시접을 안쪽으로 접어서 다린다.

5 드레스 몸판 만들기

1. 앞몸판과 뒤몸판을 겉끼리 맞대어 양 옆선을 박음질하고 오버로크 처리한다.

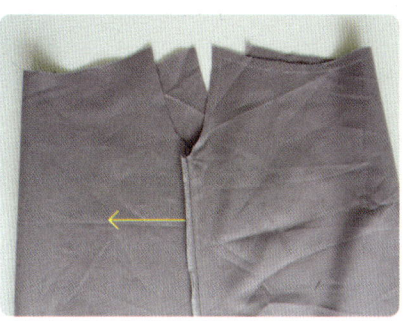

2. 시접을 한쪽으로 넘기고 다리미를 이용해 정리한다.

3. 몸판 겉면에 어깨끈을 올리고 자리에 맞춰 0.5cm 시접으로 임시 고정한다.
   TIP 이때 어깨끈이 꼬이지 않게 두고, 몸판을 세로로 가로지르도록 사진처럼 고정한다.

4. 몸판에 안단을 겉끼리 맞닿도록 끼우고 1cm 시접으로 양쪽의 가슴선을 박음질한다.

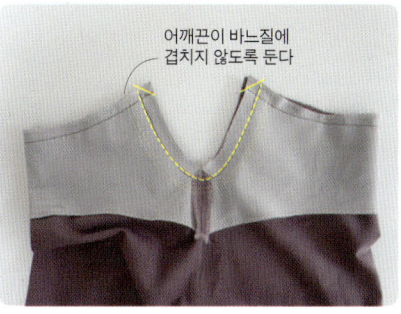
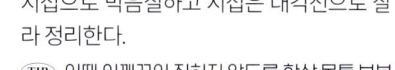

5. 겉끼리 맞댄 몸판, 안단의 진동둘레를 1cm 시접으로 박음질하고 시접은 대각선으로 잘라 정리한다.
   TIP 이때 어깨끈이 집히지 않도록 항상 몸통 부분에 두고 재봉한다.

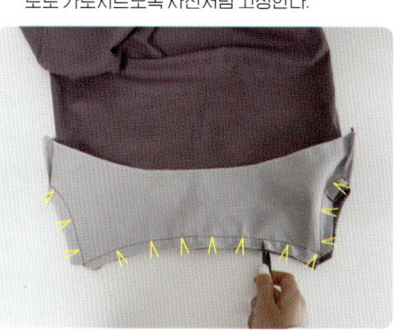

6. 가슴선과 진동둘레 곡선 부분 시접에 쪽가위를 이용해 가위집을 낸다.

7. 안단을 뒤집어 안쪽으로 꺾어 넣고 다림질한다.

8. 안단이 밖으로 뒤집히지 않도록 안단과 시접을 두세 땀 겹쳐서 시침해 고정한다.

6 허리벨트를 연결하고 허리끈 끼우기

1. 몸통에 패턴을 대고 허리벨트 위치를 표시한다.

2. 허리벨트를 드레스에 둘러서 시침한다. 허리벨트의 입구가 트여 있는 쪽이 앞면이 된다.

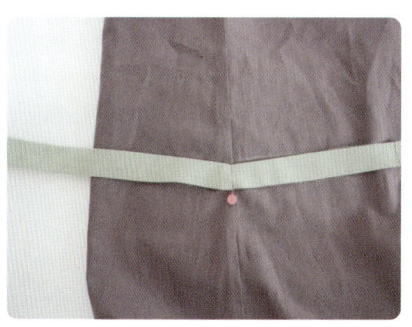

TIP 허리벨트와 드레스의 양 옆선을 먼저 맞춘 다음 시침하면 더욱 수월하다.

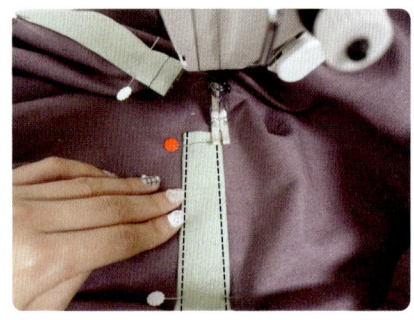

TIP 시침 시 드레스의 반대쪽 면이 함께 집히지 않도록 주의! 시침하는 부분의 천을 들어가며 고정하면 수월하다.

3. 허리벨트의 위아래만 드레스에 빙 둘러 박음질한다.

TIP 허리벨트 입구 쪽은 박지 않는다. 박음질할 때 드레스의 반대쪽 면이 집히지 않도록 주의!

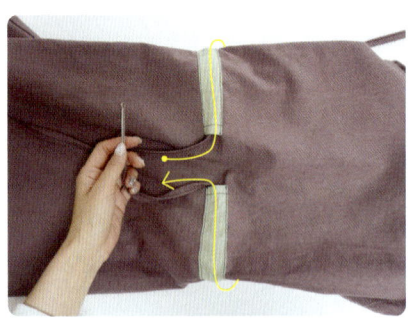

4. 허리끈을 옷핀 등에 꽂아서 허리벨트를 통과시킨다. 허리끈을 끼우면 허리둘레를 조절하거나 리본으로 묶는 등 보다 활용도 높은 디테일을 연출할 수 있다.

7 프릴 달기

1. 프릴단을 겉끼리 맞대어 양 옆선을 박음질하고 오버로크 처리한 다음, 위쪽을 1cm 시접으로 실을 당기거나 원단을 밀어가며 드레스 밑단둘레에 맞춰 프릴을 잡는다(주름 만들기 P.42).

2. 몸판 밑단에 프릴을 빙 둘러 박음질하고 오버로크 처리한다.

TIP 박음질하기 전 밑단에 프릴을 시침핀으로 고정하고 둘레를 조절해야 균일하게 프릴을 연결할 수 있다.

3. 프릴 밑단은 오버로크 처리한 후 1cm로 한 번 접어박거나 밑단을 폭 0.5cm로 두 번 접어박는다. 레이스를 대는 등 원하는 대로 장식해도 OK(밑단 마감 P.30).

8 완성

TIP 펀칭 면 레이스 원단을 사용하거나 자수 등으로 장식하면 더욱 로맨틱한 스타일이 된다. 기장을 줄이고 도톰한 원단이나 패턴이 화려한 원단을 사용해 레이어드용 아이템을 만드는 것도 추천!

TIP 어깨끈을 4개(×40cm) 만들어 각 어깨끈 모서리에 박음질하면 리본을 묶어서 연출할 수 있다. 이때 밖으로 드러나는 쪽은 허리끈 마감(작품 11-3 P.132)처럼 끝을 접는다.

TIP 기장을 짧게 조절하고 프릴을 생략한 다음 바로 밑단을 마감하면 블라우스로 변신한다.

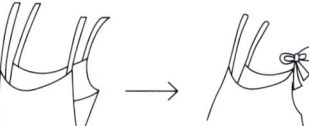

Daily Dress 12
스포티 아노락 원피스
Sporty Anorak Dress

'휘뚜루마뚜루'라는 표현과 잘 어울리는 캐주얼 원피스로는
아노락 원피스를 꼽을 수 있습니다. 자연스럽게 툭 떨어지는 통 넓은 원피스지만
허리벨트로 실루엣을 바꿀 수 있어 한 벌만으로도 멋스러운 착용이 가능합니다.
다양하게 배색하면 사랑스러운 스포티 룩이, 단색으로 깔끔하게 조합하면 시크한 코디가 되죠.
이번에는 겉으로 보이는 지퍼를 다는 과정이 포함되어 있습니다. 칼라를 여닫으며
스타일을 바꿀 수 있도록 지퍼를 깔끔하게 다는 연습을 해보세요!

Daily Dress 12
스포티 아노락 원피스
Sporty Anorak Dress

〔 재료 〕

겉감	대폭 3마(140cm × 270cm)
실크 심지	1/4마
클로즈드 엔드 지퍼	1개
고무밴드	폭 2cm × 45cm
허리끈(바이어스)	폭 1cm × 2마

※ 배색을 다르게 넣고 싶다면 상의 몸판 배색감 1마, 허리·스커트·소매 배색감 2마를 각각 준비한다.

〔 봉제법 〕

밑단 마감(P.30), 심지 붙이기(P.38), 소매 연결하기(P.37), 고무밴드 넣기(P.46)

〔 완성 치수 〕

사이즈	가슴둘레	총 기장
M(44-55)	100cm	121cm
L(66-77)	110cm	125cm

※ 제시한 원단 소요량은 넉넉한 요척으로 계산했으나 각 원단의 폭이나 재단 방식에 따라 차이가 날 수 있다.

〔 재단 배치도 〕

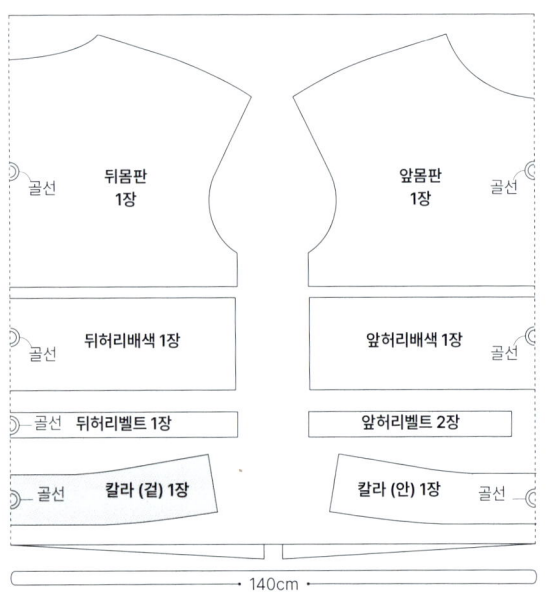

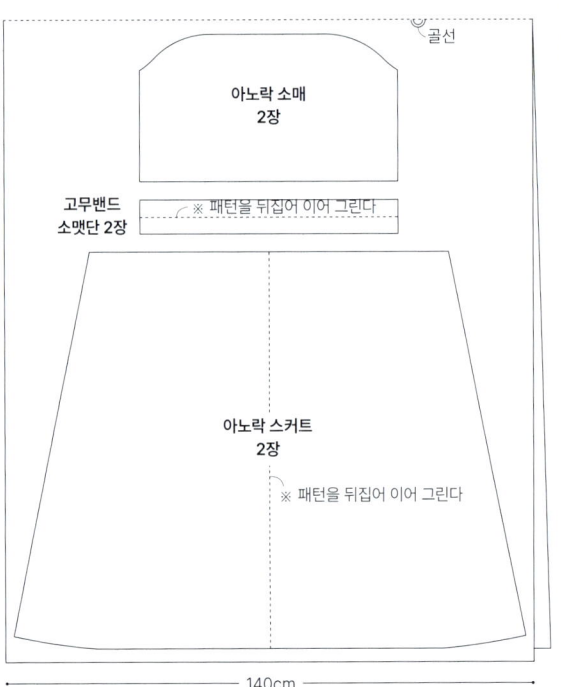

※ 정해진 곳 외의 시접은 모두 1cm.
※ 회색 부분에는 소잉 심지를 붙인다.
※ 고무밴드 소맷단은 뒤집고 맞대어 이어서 그린다.
※ 스커트는 패턴을 좌우로 뒤집고 이어서 그리고, 사다리꼴로 2장 재단한다.
※ 취향에 따라 허리배색감과 소매 등에 다른 색의 원단을 사용한다.

〔만드는 순서〕

1 아노락 소매 만들기

1. 고무밴드 소맷단감을 겉을 맞대 반으로 접고 1.5cm의 창구멍을 남겨서 박음질한다.

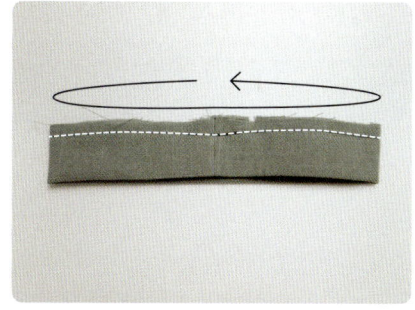

2. 시접을 가름솔하고 반으로 접어서 빙 둘러 박는다.

3. 겉을 맞대 소매통을 박음질하고 오버로크 처리한다.

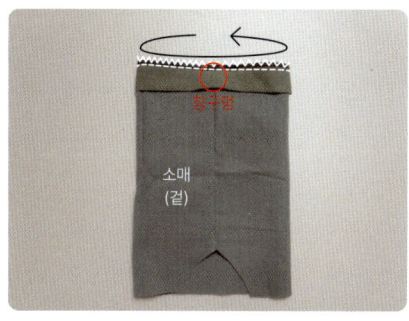

4. 소맷부리에 소맷단을 박는다. 이때 창구멍을 소매 솔기에 맞추고 위로 오도록 해야 뒤집었을 때 보이지 않는다. 시접을 빙 둘러 오버로크 처리한다.

5. 소맷단 창구멍에 고무줄 끼우개를 이용해 고무밴드를 끼워 넣는다.

6. 고무밴드 끝을 사각형 모양으로 박음질하고 정리한다.

7. 창구멍을 공그르기 또는 상침한다.

8. 완성한 소매의 모습.

2 몸통 만들기

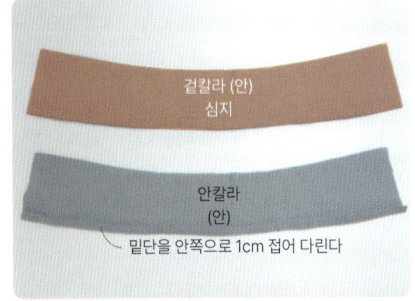
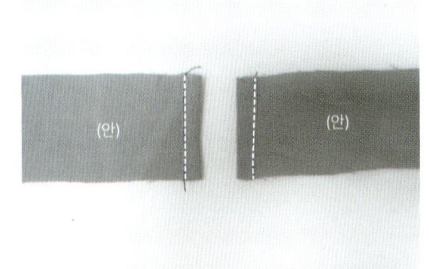
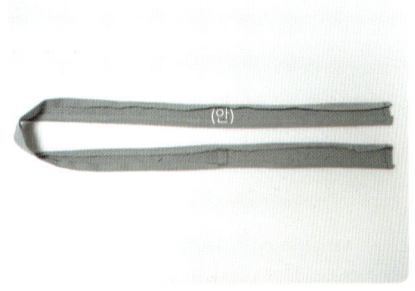

1. 겉칼라 안면에 심지를 대어 다리고, 심지를 붙이지 않은 칼라(안칼라)의 밑단 시접을 안쪽으로 접어서 다린다.

2. 허리벨트 입구를 1cm 시접으로 안쪽으로 한번 접어박거나 0.5cm씩 두 번 접어 말아박기한다(두 방법 모두 완성하는 모양에 차이는 없다).

3. 앞·뒤 허리벨트의 겉을 맞대 옆선을 박음질한 다음 가름솔 처리하고 위아래 시접을 1cm 안쪽으로 접어 다린다.

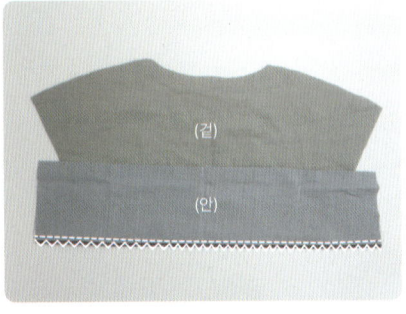

4. 앞몸판과 앞허리배색감을 겉끼리 맞대어 박음질하고 오버록 처리한다. 뒤몸판과 뒤허리배색감도 동일하게 연결한다.

5. 앞몸판과 뒤몸판의 겉을 맞대어 어깨선과 옆선을 맞춰 박음질하고 오버록한다.

6. 겉면에서 몸판에 허리벨트를 고정하고 위아래를 빙 둘러 박음질한다. 단, 통로 입구는 박음질하지 않는다(작품 11-6 P.133-134).

TIP 허리벨트 시접의 옆솔기와 몸판의 옆선을 맞춰야 한다.

7. 몸판에 소매를 연결하고 진동둘레 시접을 오버록 처리한다(소매 연결하기 P.37).

8. 앞몸판 중심점을 맞춰서 심지를 붙인 쪽의 칼라 겉을 맞대 연결하고 시접은 오버록 처리한다.

3 지퍼 연결하기

※ 지퍼는 지퍼용 외발 노루발을 사용하면 더욱 수월하게 박음질할 수 있다.
※ 안팎을 뒤집어가며 박음질해야 하므로 방향을 잘 확인한다.

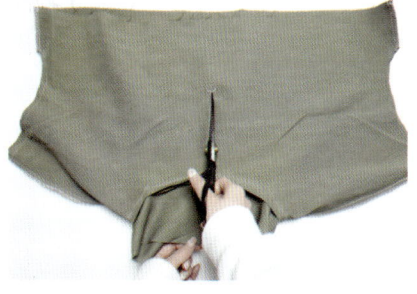

1. 앞몸판 지퍼선의 중심선을 자른다.

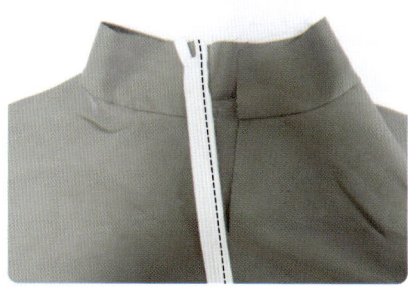

2. 겉면에서 지퍼를 뒤집어 올리고 오른쪽 지퍼 테이프를 지퍼선 왼쪽에 맞춰 0.5cm 시접으로 박음질한다.

3. 안에서 본 모습.

TIP 네크라인 시접은 칼라를 향하도록!

4. 안쪽에서 지퍼 하단의 새 발 모양을 자른다.
TIP 원단만 잘라야 하므로 지퍼가 잘리지 않도록 주의!

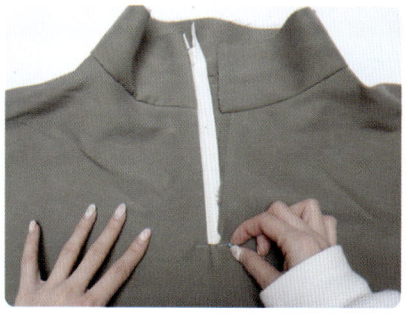

5. 다시 겉면으로 뒤집어 잘라낸 지퍼 하단을 안쪽으로 꺾어 넣고 시침핀으로 고정한다.

6. 몸판 안쪽에서 맞은편 지퍼와 겉몸판을 맞대어 0.5cm 시접으로 박음질한다.

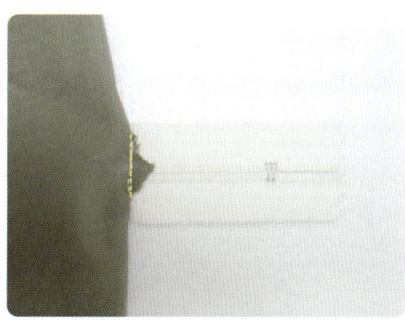

7. 아래의 뾰족 튀어나온 밑부분을 지퍼와 맞대어 박음질한다.

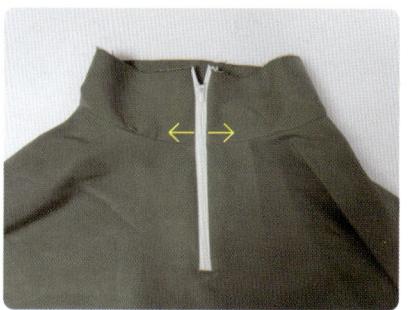

8. 다리미를 이용해 지퍼 시접이 칼라 안쪽을 향하도록 정리한다.

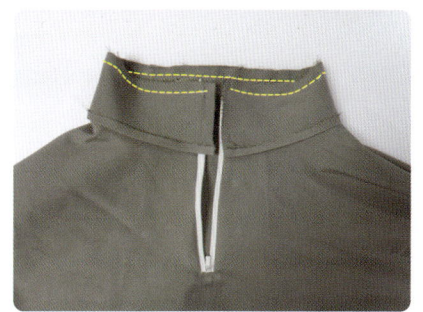

9. 몸판 칼라 위에 안칼라(심지를 붙이지 않은 칼라)의 겉면을 맞대 1cm 시접으로 봉제한다.

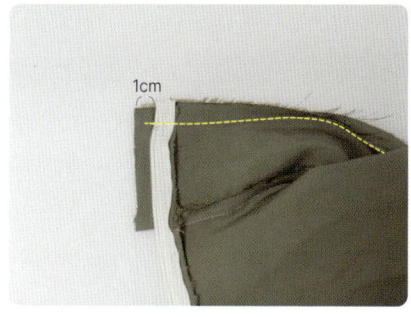

TIP 지퍼 부분은 안칼라 시접이 밖으로 1cm 튀어나오도록 둔다.

10. 칼라를 안쪽으로 꺾어 넣고 다린다.

11. 칼라 양쪽의 시접을 접어 시침핀으로 고정한다.

12. 접어 넣은 양옆, 밑단의 칼라 시접이 잘 고정되도록 상침한다. 이때 시침핀으로 고정하고 상침하면 시접이 어긋나지 않는다. 지퍼 둘레까지 상침해도 OK.

4 스커트를 연결하고 허리끈 끼우기

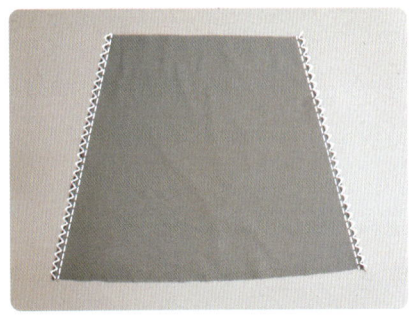

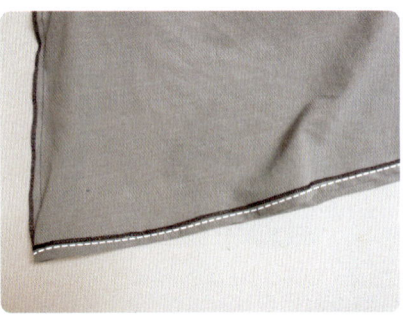

1. 스커트감 2장을 겉끼리 맞대어 옆선을 박음질하고 시접을 오버로크 처리한다.

2. 몸판과 스커트를 겉끼리 맞대어 박음질하고 시접을 오버로크 처리한다.

3. 스커트 밑단은 오버로크 처리하고 1cm 시접으로 접어박는다.

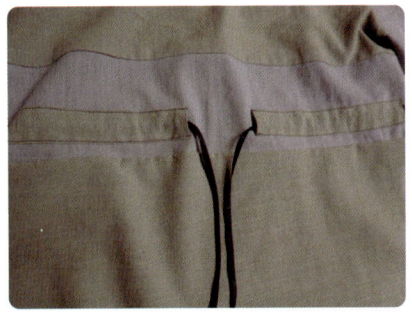

4. 옷핀(또는 고무줄 끼우개)을 이용해 허리벨트에 끈을 끼운다.

5 완성

TIP 허리벨트를 조이거나 풀어가며 실루엣을 조절해보자.

TIP 스커트를 생략하고 몸판의 기장을 늘리면 더욱 스포티한 룩을 완성할 수 있다.

Daily Dress 13
하이넥 리본 원피스
High Neck Ribbon Dress

하이넥 칼라는 원피스에서 그 진가를 발휘합니다.
칼라의 목을 높이면 클래식한 분위기가, 낮게 하면 귀여운 스타일이 되지요.
부록에는 2가지 칼라가 있으니 원하는 높이로 어울리는 스타일을 만들어보세요.
몸통 다트와 허리 리본으로 더욱 타이트한 핏으로 조절할 수 있고
이번에는 지퍼 위에 칼라를 연결하는 방법까지 설명했습니다.
트위드 원단은 귀여움과 더불어 고급스러움까지 살릴 수 있으니,
다양한 원단을 이용해 만들어볼까요.

Daily Dress 13
하이넥 리본 원피스
High Neck Ribbon Dress

[재료]

겉감(몸통)	대폭 1.5마(140cm × 120cm)
배색(소매·칼라·커프스)	대폭 1마(140cm × 90cm)
실크 심지	1/4마
콘실지퍼	60cm × 1개
단추	8개(낮은 칼라는 7개)
단춧고리	2개(낮은 칼라는 1개)

[봉제법]

소매 연결하기 P.37, 칼라 연결하기 P.36, 콘실지퍼 달기 P.40, 심지 붙이기 P.38, 단춧구멍 만들기 P.39

[완성 치수]

사이즈	가슴둘레	총 기장
44	83cm	80cm
55	87cm	81cm
66	91cm	82cm
77	95cm	83cm

※ 제시한 원단 소요량은 넉넉한 요척으로 계산했으나 각 원단의 폭이나 재단 방식에 따라 차이가 날 수 있다.

※ 정해진 곳 외의 시접은 모두 1cm.
※ 회색 부분에는 소잉 심지를 붙인다.
※ 소매와 커프스 패턴은 작품 08 P.104 과 동일하다.
※ 소매를 다른 원단으로 배색하면 더욱 입체적인 디자인이 된다.
※ 허리벨트는 뒤집고 맞대어 그려서 재단한다.
※ 부록 D면에 낮은 칼라와 높은 칼라 2종을 모두 실었으니 재단 시 참고한다.

[재단 배치도]

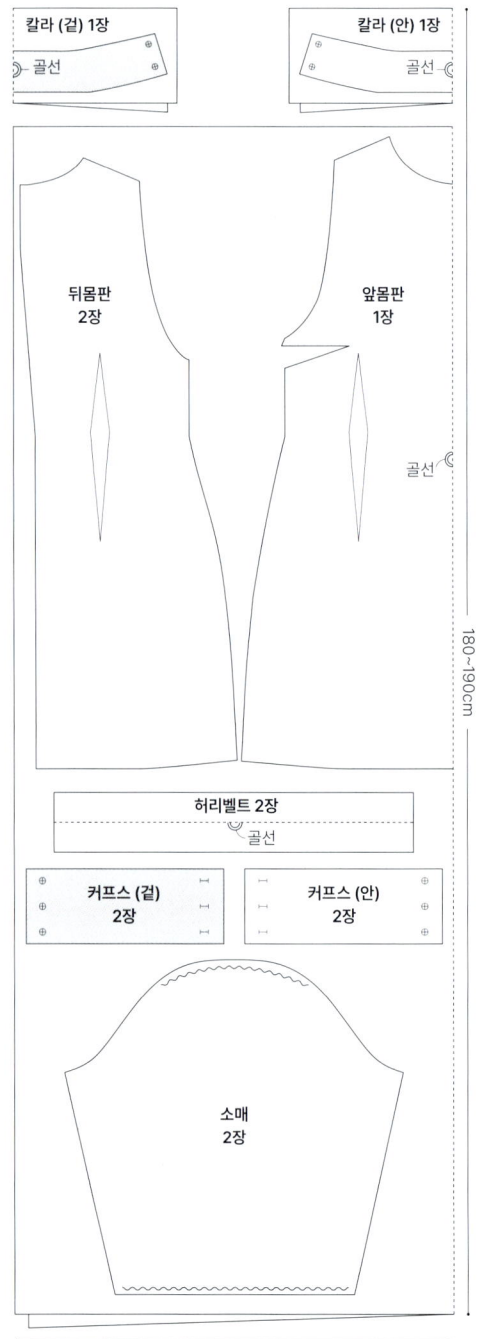

[만드는 순서]

1 허리벨트와 칼라 만들기
※ 낮은 칼라도 만드는 방식이 동일하다

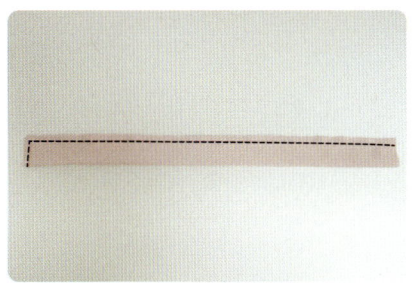

1. 허리벨트감의 한쪽을 남기고 박음질한다.

2. 허리벨트감을 뒤집고 겉에서 다린다. 동일한 길이로 2개를 만든다.

3. 겉칼라 안면에 심지를 대어 다린다.

4. 겉칼라 안면 한쪽에 단춧고리가 안쪽을 향하도록 5mm 시접으로 고정한다. 천 루프를 사용해도 OK.

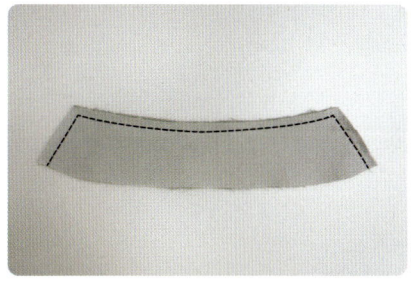

5. 겉칼라와 안칼라를 겉끼리 맞대 박음질한다.

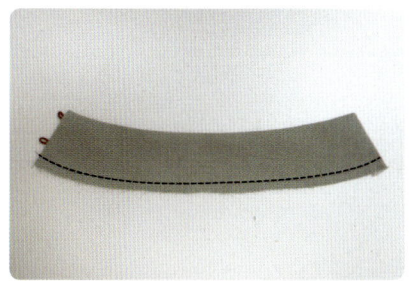

6. 칼라를 뒤집어 겉면에서 다리고 밑단을 박음질한다.

2 몸판 만들기

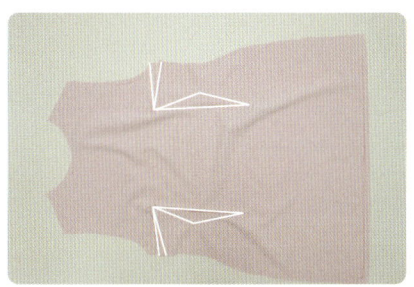

1. 앞몸판에 다트를 박는다(다트 넣기 P.36).

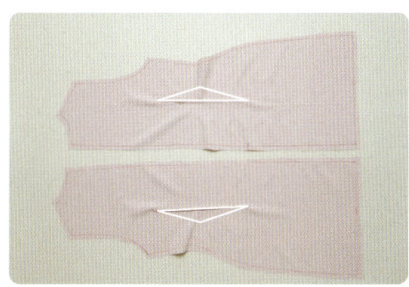

2. 뒤몸판 2장에도 다트를 넣는다.

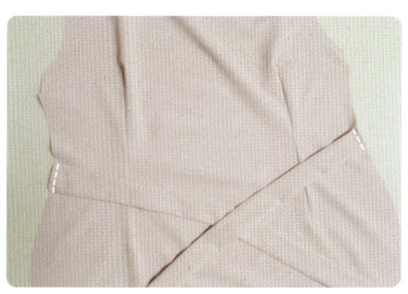

3. 앞몸판에 위치를 맞춰 허리벨트를 고정한다.

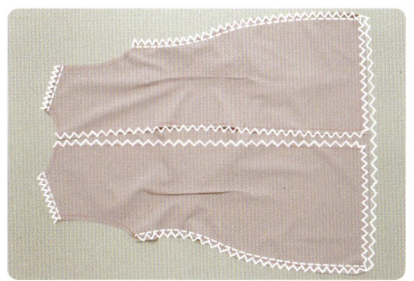

4. 겉을 맞대어 어깨선과 옆선을 박음질하고, 시접과 뒤중심·밑단둘레를 오버로크 처리한다.

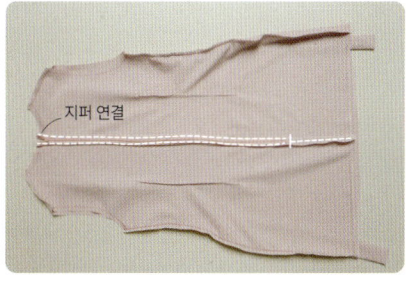

5. 뒤몸판에 콘실지퍼를 연결하고 지퍼 하단으로 남은 스커트 뒤중심선을 맞대어 박음질한다. 시접은 가름솔로 처리한다(콘실지퍼 달기 P.40).

6. 몸판 밑단을 2cm로 한 번 접어박아서 마무리한다.

3 소매와 칼라 만들기

  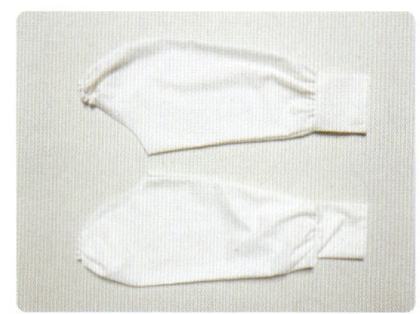

1. 칼라 밑단을 목둘레와 맞춰서 박음질한 다음 오버로크 처리한다.

2. 단춧고리 위치에 맞춰 손바느질로 단추를 단다.

3. 커프스가 달린 비숍소매를 만든다(작품 08-3·4 P.106).

4. 비숍소매를 몸판에 연결하고 진동둘레 시접을 하나로 오버로크 처리해 깔끔하게 정리한다(소매 연결하기 P.37).

4 완성

TIP 기장감을 늘리면 더욱 드레시한 룩으로 연출할 수 있다.

TIP 작품 20의 샘플처럼 소매를 투명한 원단으로 배색해도 사랑스럽다.

Daily Dress 14
체리 퍼프 프릴 드레스
Cherry Puff Ruffle Dress

가끔 생각대로 일이 잘 풀리지 않아 우울한 하루가 있습니다.
우울감에 휩싸이지 않으려 귀여운 드레스를 만들고자 색연필을 들었더니 체리가 생각났습니다.
색 배합에 모양까지 귀여운 체리를 원피스에 넣으면 어떨까요?
디자인을 마치고 하나하나 봉제를 하다 보면 어느새 우울한 기분은 사라져 있을 거예요.
풍성한 퍼프소매와 상큼한 색 조합의 드레스로 기분을 밝혀주는 작품을 만들어보겠습니다.

Daily Dress 14
체리 퍼프 프릴 드레스
Cherry Puff Ruffle Dress

〔 재료 〕

겉감(몸통)	대폭 2마(150cm × 180cm)
배색(칼라·커프스)	1/2마(45cm × 60cm)
실크 심지	1/2마
레이스	2마(기성품 프릴은 1마)
콘실지퍼	60cm × 1개
단추	1개
단춧고리	1개

〔 봉제법 〕

밑단 마감 P.30, 오그리기 P.30, 시접 마감(가름솔 P.29), 심지 붙이기 P.38, 주름 만들기 P.42, 소매 연결하기 P.37, 콘실지퍼 달기 P.40

〔 완성 치수 〕

사이즈	가슴둘레	허리둘레
44	83cm	65cm
55	87cm	69cm
66	91cm	73cm
77	95cm	77cm

※ 제시한 원단 소요량은 넉넉한 요척으로 계산했으나 각 원단의 폭이나 재단 방식에 따라 차이가 날 수 있다.

〔 재단 배치도 〕

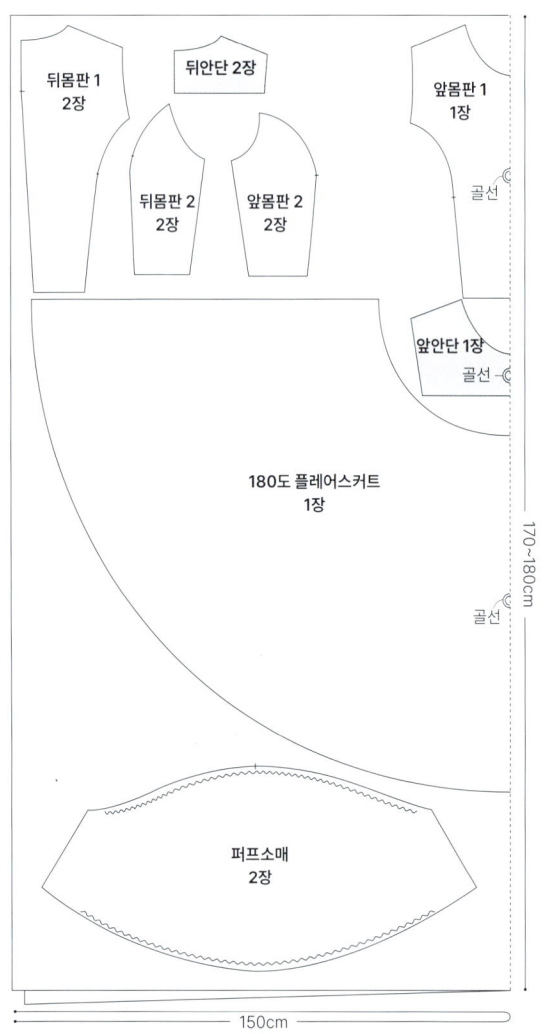

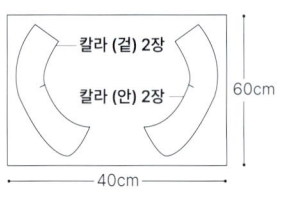

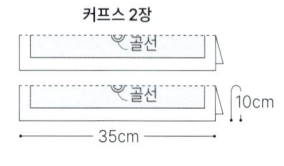

※ 정해진 곳 외의 시접은 모두 1cm.
※ 회색 부분에는 소잉 심지를 붙인다.
※ 프릴은 원단으로 제작하거나 취향에 따라 레이스로 대체해도 좋다.
※ 프릴감은 바이어스 방향으로 재단하면 더욱 예쁜 모양을 만들 수 있지만 원단의 여백이 부족하다면 방향을 지키지 않아도 무방하다. 이 책에서는 바이어스 방향으로 재단하지 않고 남은 원단의 여백을 프릴감으로 활용했다.

〔 만드는 순서 〕

1 몸판 만들기

1. 앞몸판과 뒤몸판을 재단하고 오버로크 처리한다.

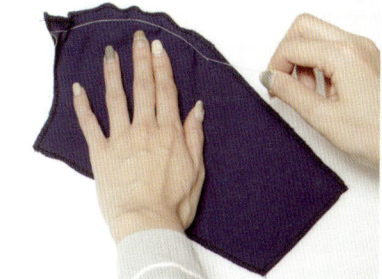

2. 앞몸판 2의 곡선을 오그린다 P.30.

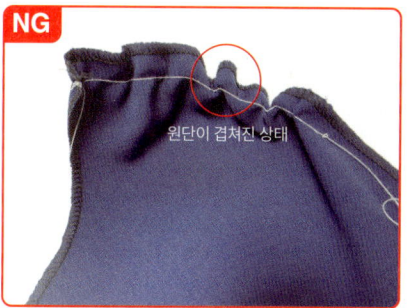

원단이 겹쳐지지 않는다 / 원단이 겹쳐진 상태

OK는 바르게 오그린 것, NG는 너무 많이 오그려서 주름이 진 것이다.

3. 오그린 부분이 풀어지거나 집히지 않도록 주의하며 앞몸판 1과 앞몸판 2의 겉끼리 맞대고 연결한다.

4. 연결한 모습.

5. 앞몸판과 뒤몸판을 겉끼리 맞대어 양 옆선과 어깨를 박는다.

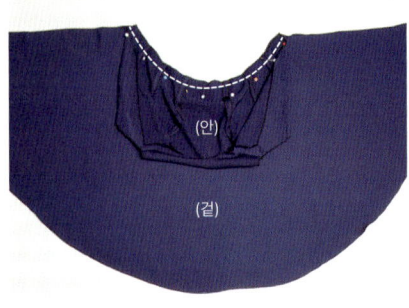

6. 박은 시접을 가름솔로 정리한다.

7. 몸판과 플레어스커트 허리 부분을 겉끼리 맞대어 박는다.

(TIP) 몸판의 가름솔한 시접에 대각선으로 시침핀을 꽂아서 벌려 고정하면 시접이 접히거나 쏠리지 않는다.

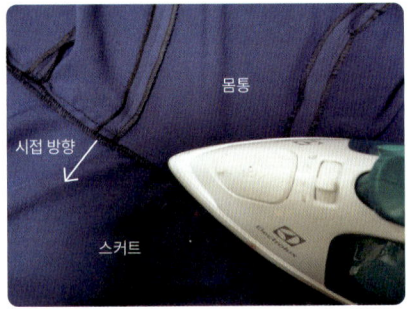

8. 허리 시접을 아래쪽으로 넘겨 다림질하고 정리한다.

2 프릴 레이스 칼라 만들기

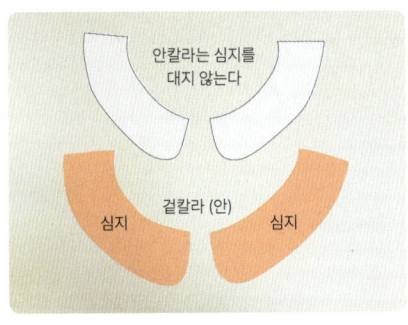

1. 레이스에 주름을 잡아서 프릴을 만든다. 프릴이 잡힌 레이스를 구매해도 OK.
2. 겉칼라에 심지를 대고 다린다.

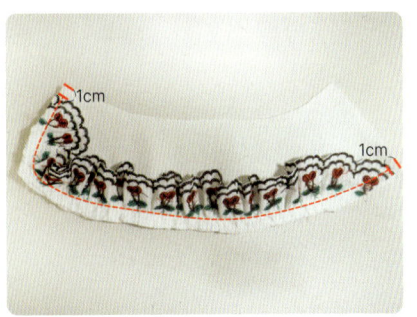

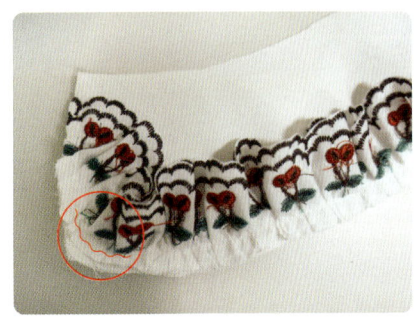

3. 겉칼라 위아래쪽에 시접 1cm를 남기고 프릴 레이스를 연결한다.

4. 이때 프릴 레이스는 칼라 안쪽을 향해야 한다.

(TIP) 칼라의 곡선 부분은 프릴을 넉넉하게 잡아야 뒤집었을 때 모양이 예쁘게 나온다.

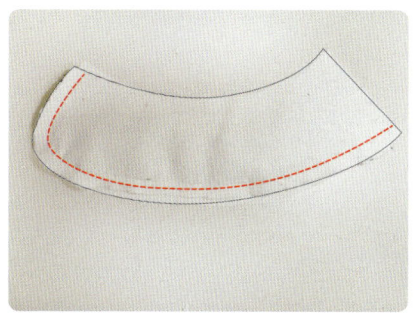

5. 겉칼라와 안칼라를 겉끼리 맞대어 박는다.

6. 뒤집은 다음 다림질해서 정리한다.

3 퍼프소매 연결하기

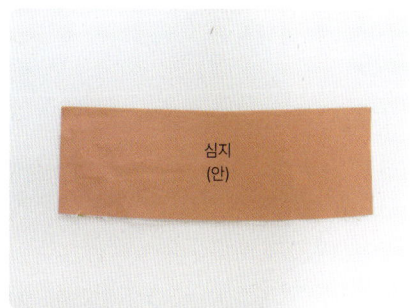
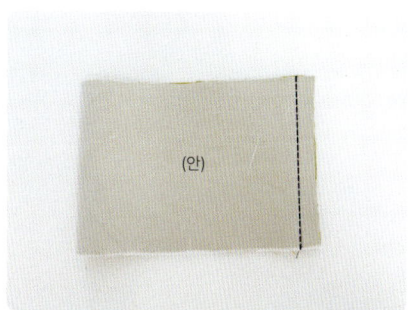

1. 커프스 안쪽에 심지를 대고 다린다.

2. 커프스의 짧은 쪽 겉면을 맞대고 박는다.

3. 다리미를 이용해 가름솔로 시접을 정리한다.

4. 반을 접은 다음 다린다.

5. 소매 위아래에 주름을 잡아서 퍼프를 만든다.

6. 겉을 맞대어 접은 다음 소매통을 봉합하고 오버로크 처리한다.

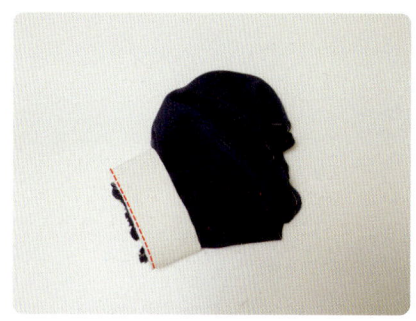

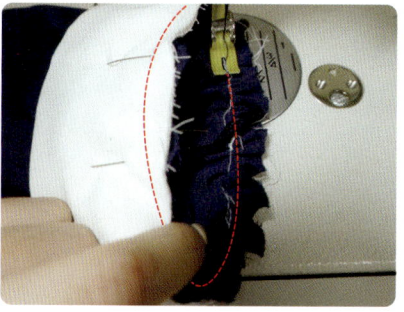

7. 겉면이 보이도록 소매를 뒤집고 커프스와 소맷부리 솔기를 맞춰 끼운 다음 빙 둘러 박음질한다.

8. 커프스에 소매통을 끼운 안쪽 모습.
   TIP 커프스에 소매둘레가 잘 맞지 않는다면 소매 주름을 더 잡거나 풀어가며 조절하는 것이 포인트.

9. 빙 둘러 박음질한 시접은 오버로크로 정리한다.

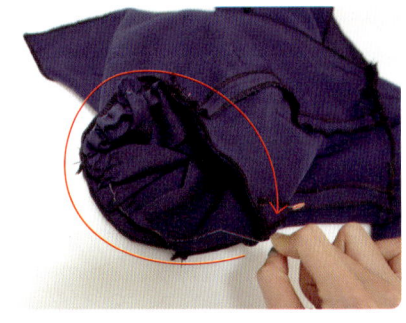

10. 소매와 몸통을 연결한다(소매 연결하기 P.37).

11. 소매와 몸통을 잘 맞추고 시침핀으로 고정한다.

TIP 소매와 진동둘레가 잘 맞지 않는다면 주름을 더 잡거나 풀어가며 조절하는 것이 포인트.

12. 진동둘레를 빙 둘러박고 시접을 오버로크 처리해 깔끔하게 정리한다.

Chapter 4 지퍼 연결하기 (콘실지퍼 달기 P.40)

1. 콘실지퍼를 다린 다음 이빨을 편다.

2. 콘실지퍼를 열고 뒤원피스 왼쪽에 뒤집어 올린다. 먼저 한쪽을 고정한다.

TIP 콘실지퍼 노루발이나 외발 노루발로 교체하며 봉제하면 더욱 수월하다.

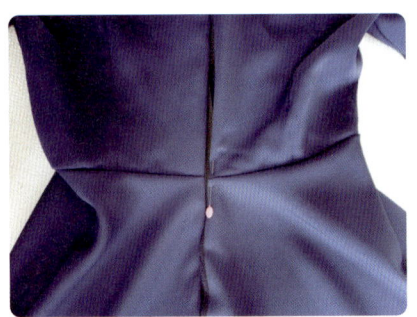
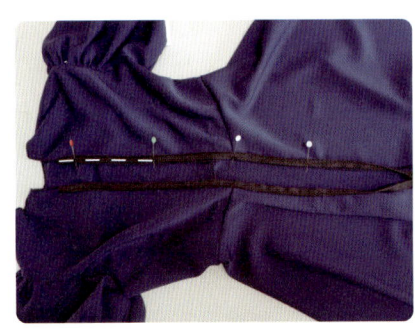

3. 지퍼를 닫고 맞은편 시접을 접어 허리 봉제선을 잘 맞춘다.

4. 다시 지퍼를 열어 안쪽으로 뒤집고 반대편을 시침한다.

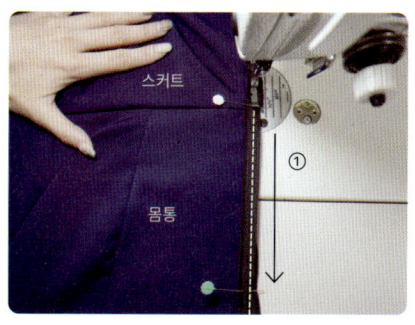
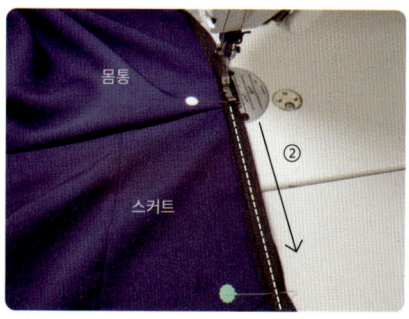

5. 맞은편 지퍼를 허리부터 목 방향으로 박음질한다.
   - TIP 맞은편 지퍼를 달 때 목 방향에서 시작하면 바느질이 밀리면서 허리선이 틀어질 수 있으니 허리 방향에서 시작하는 것을 추천한다.

6. 허리 아랫부분도 지퍼를 고정한다.

7. 지퍼 하단으로 남은 치마 뒤중심선을 맞대어 박는다. 시접은 가름솔로 정리한다.

8. 밑단은 오버로크 처리하고 한 번 접어박아 마감한다(프릴을 연결해도 사랑스럽다) (밑단 마감 P.30).

5 뒤트임 안단과 칼라 연결하기

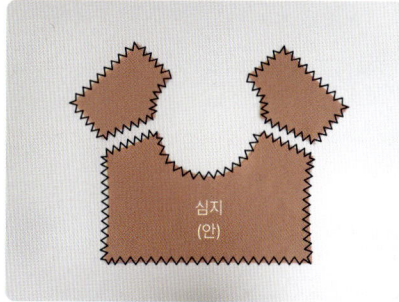

1. 앞안단과 뒤안단 안쪽에 심지를 대고 다린 다음 오버로크 처리한다.

2. 앞안단과 뒤안단의 겉을 맞대고 어깨선을 봉합한다.

3. 가름솔로 시접을 정리한다.

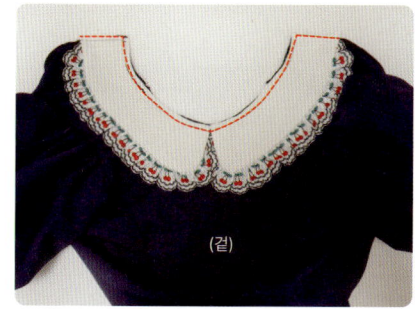
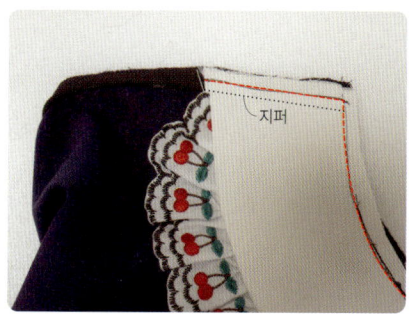

4. 몸판의 가운데 선을 잘 맞추고 칼라를 연결한다.

TIP 지퍼 시접과 겹쳐지는 부분은 이빨 바깥으로 박음질한다.

TIP 어깨 부분의 가름솔한 시접이 한쪽으로 쏠리거나 접히지 않도록 주의!

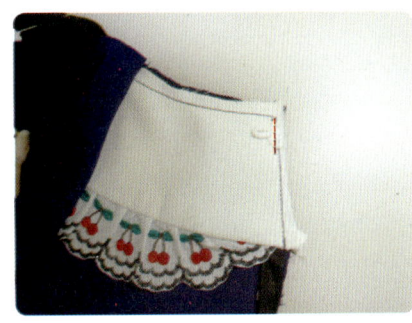

5. 한쪽에 단춧고리를 고정한다.

6. 안단을 목둘레에 맞춰서 고정한다. 이때 칼라를 연결한 재봉선보다 1mm 정도 안쪽으로 박음질해야 뒤집었을 때 칼라를 연결한 바느질이 보이지 않고 깔끔하다.

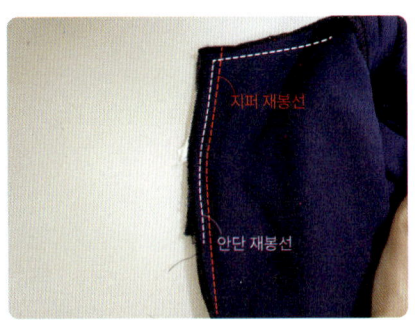

TIP 지퍼가 있는 쪽은 이빨 바깥쪽으로 박는다.

7. 목둘레 시접에 가위집을 충분히 넣는다.

8. 안단을 안으로 꺾어 넣고 네크라인을 상침한다.

9. 단춧고리 위치에 맞춰 단추를 단다.

6 완성

TIP 체크무늬 원단이나 독특한 레이스를 활용하면 더욱 유니크한 스타일의 드레스를 만들 수 있다. 또한 칼라에 프릴 레이스를 생략하면 단정하고 포멀한 룩을 연출할 수 있다.

Daily Dress 15
클래식 핀턱 원피스
Classic Pintucked Dress

'고전은 영원하다'를 옷으로 말한다면 블랙 앤 화이트의 단정한 조합 아닐까요.
여기에 고전적인 느낌을 살리는 데는 핀턱 장식이 빠질 수 없습니다.
소매도 모던 스퀘어넥 원피스의 소매로 변경하거나 퍼프소매를 연결해도 잘 어울린답니다.
길게 이어지는 프린세스라인 실루엣을 살려서 어느 장소든 어울리는 원피스를 만들어보세요.
제작 난이도가 높은 작품이지만 그만큼 오래 함께할 옷이 되어줄 거예요

Daily Dress 15
클래식 핀턱 원피스
Classic Pintucked Dress

[재료]

겉감(몸통)	대폭 2.5마(140cm × 200cm)
배색(칼라·커프스)	1/2마(45cm × 60cm)
실크 심지	1/2마
단추	6개(지름 10mm 이하)
콘실지퍼	60cm × 1개
레이스	1마

[봉제법]

칼라 연결하기 P.36, 심지 붙이기 P.38, 주름 만들기 P.42, 밑단 마감 P.30, 시접 마감(가름솔 P.29), 오그리기 P.30, 소매 연결하기 P.37

[완성 치수]

사이즈	가슴둘레	허리둘레
44	83cm	65cm
55	87cm	69cm
66	91cm	73cm
77	95cm	77cm

※ 제시한 원단 소요량은 넉넉한 요척으로 계산했으나 각 원단의 폭이나 재단 방식에 따라 차이가 날 수 있다.

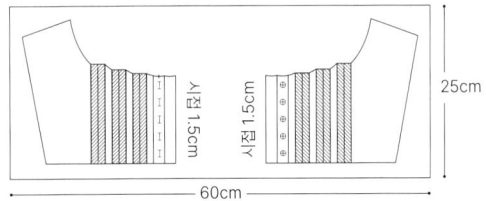

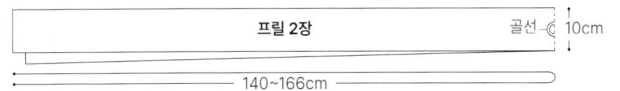

[재단 배치도]

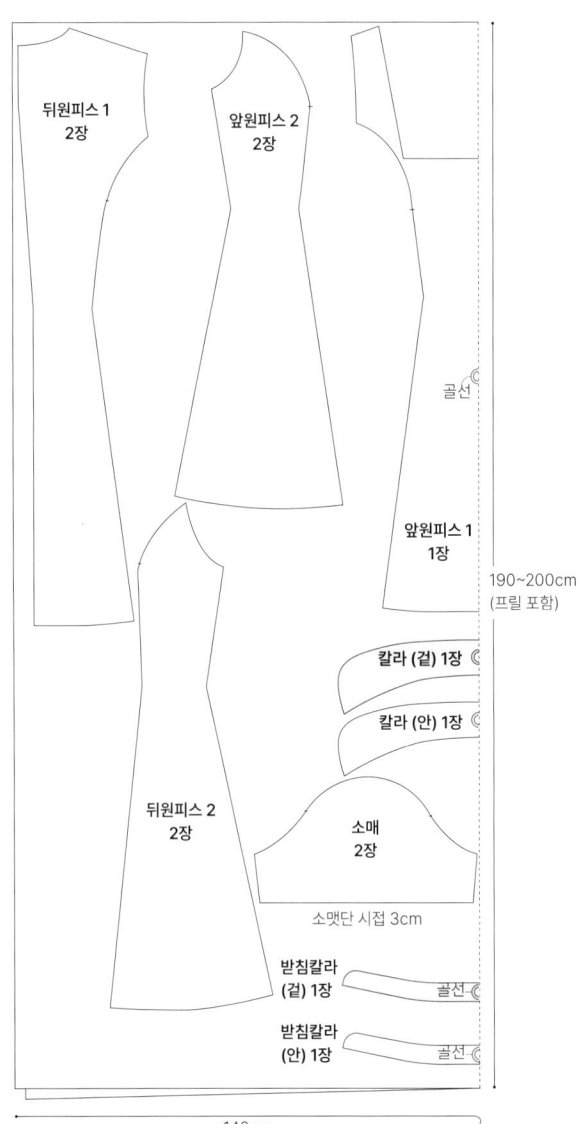

※ 정해진 곳 외의 시접은 모두 1cm.
※ 회색 부분에는 소잉 심지를 붙인다.
※ 원단이 얇거나 비친다면 핀턱요크 여밈단에 심지를 붙인다.
※ 프릴은 시접을 포함해 폭 10cm × 길이 140cm 이상의 직사각형을 별도로 2장 재단한다.
※ 프릴감은 바이어스 방향으로 재단하면 더욱 예쁜 모양을 만들 수 있지만 원단의 여백이 부족하다면 방향을 지키지 않아도 무방하다. 이 책에서는 바이어스 방향으로 재단하지 않고 남은 원단의 여백을 프릴감으로 활용했다.

〔 만드는 순서 〕

1 칼라와 칼라단 만들기

1. 칼라를 만든다(작품 05-2 P.85).

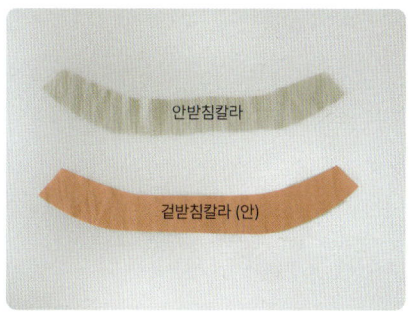

2. 겉받침칼라 안쪽에 심지를 붙인다. 받침칼라 원단이 얇으면 안받침칼라에도 심지를 붙인다.

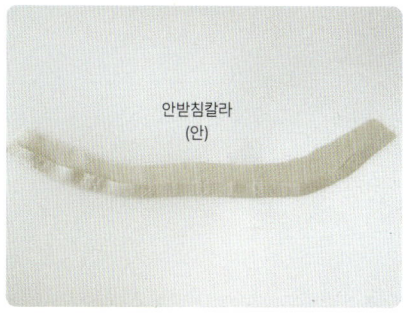

3. 안받침칼라의 긴 쪽 시접을 안쪽으로 접어서 다린다.

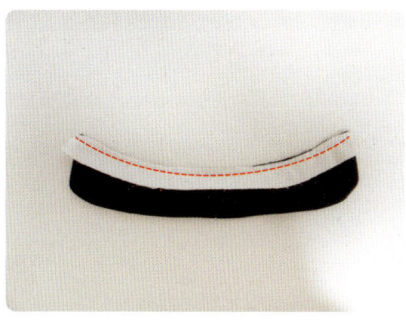

4. 칼라 위에 심지를 붙인 겉받침칼라가 닿도록 올리고 박음질한다.

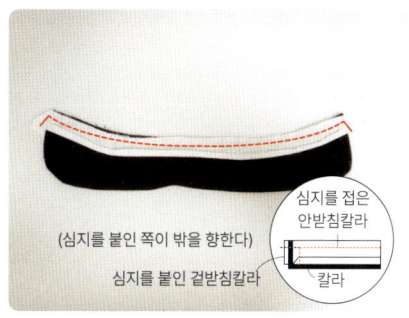

5. 받침칼라 2장을 겉끼리 맞대어 박음질한다. 이때 칼라가 받침칼라 사이에 끼워지는 모양이어야 한다.

6. 뒤집어서 다린다.

2 핀턱이 들어간 여밈단 만들기

1. 앞여밈단 부분에 안쪽 심지를 대어 붙이고 폭 1.5cm로 두 번 접어박아 단춧단을 만든다(작품 13 P.147).

2. 핀턱 사선의 높은 쪽에서 낮은 쪽을 향해 접고 다려서 누른다. 핀턱요크 양쪽 모두 1과 2를 동일하게 진행한다.

3. ① 핀턱이 풀리지 않도록 위아래를 박음질하고 전체적으로 오버로크 처리한 다음 한쪽 여밈단에 단춧구멍을 만든다. ② 단춧구멍을 만든 쪽이 위로 올라오도록 중심을 맞춰 겹치고 고정한다.

3 원피스 몸판 만들기

1. 재단한 원피스감을 모두 오버로크한다.

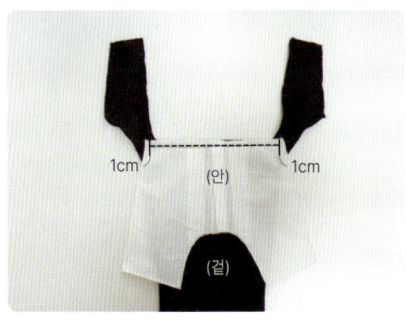

2. 앞원피스 1과 여밈단을 겉끼리 맞대어 뒤집어 올리고 양옆의 시접 1cm를 남겨 박음질한다.

3. 여밈단에 이어진 앞원피스 1의 양쪽 시접에 가위집을 넣는다.

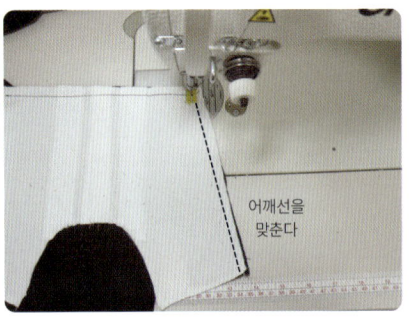

4. 앞원피스 1을 꺾어서 어깨선을 맞추고 박음질한다.

5. 시접이 몸판 쪽을 향하도록 다리고 요크 둘레를 레이스 등으로 장식한다. 깔끔한 스타일로 만들고 싶다면 레이스를 생략한다. 길이가 길거나 프릴이 잡힌 레이스를 사용하면 화려한 포인트를 연출할 수 있다.

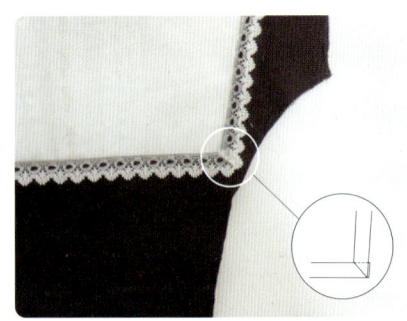

TIP 수직으로 꺾이는 부분에서 레이스를 접어 박음질하면 깔끔하다.

6. 앞원피스 2의 곡선을 오그리고 P.30 앞원피스 1과 앞원피스 2를 겉끼리 맞대어 양쪽을 연결한다.

7. 뒤원피스 1과 뒤원피스 2를 겉끼리 맞대어 양쪽을 연결한다. 뒤원피스는 곡률이 크지 않으므로 오그리지 않아도 OK.

8. 앞판과 뒤판을 겉끼리 맞대어 양 옆선과 어깨를 박음질한다. 모든 시접을 가름솔로 정리하고 뒤집는다.

9. 소매를 만들어 연결한다(작품 05-4·5 P.87-88). 소맷부리는 오버로크 처리하고 안쪽으로 2cm 한 번 접어박는다.

4 지퍼와 칼라 연결하기

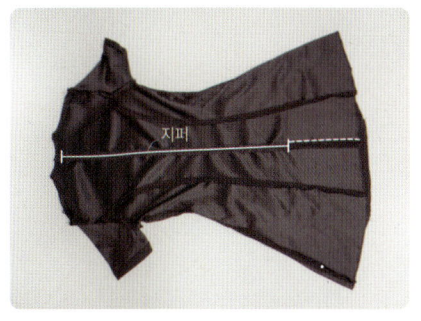 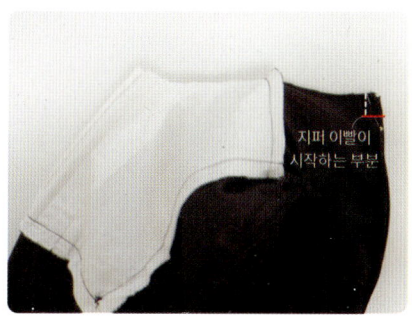 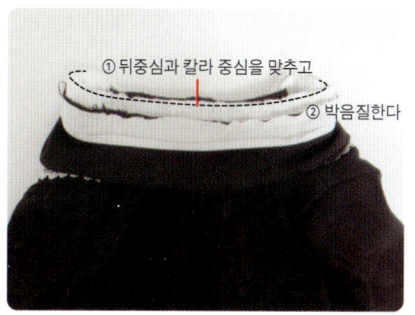

1. 뒤원피스에 콘실지퍼를 연결하고 지퍼 하단에 남은 스커트 뒤중심선을 맞대어 박음질한다. 시접은 가름솔 처리한다(콘실지퍼 달기 P.40).

2. 뒤중심 지퍼 머리 윗부분을 맞대고 1cm 시접으로 박음질한다.

3. 칼라를 펼쳐 심지를 붙인 겉받침칼라 쪽과 목둘레의 겉면을 맞대 박음질한다.

4. 시접을 받침칼라 안으로 정리하고 겉에서 상침한 다음 단춧구멍이 있는 쪽 받침칼라단에 가로 단춧구멍을 만든다.

5 프릴과 단추 달기

1. 시접을 포함해 폭 10cm × 길이 140cm 이상의 직사각형을 2장 재단해 프릴을 만든다. 몸판 밑단에 프릴을 빙 둘러 박음질하고 오버로크 처리한다(작품 11-7 P.134).

2. 프릴 밑단은 오버로크 처리하고 한 번 접어 박거나 폭 0.5cm와 1cm로 두 번 접어박아 마감한다. 레이스를 다는 등 원하는 대로 장식해도 OK(밑단 마감 P.30).

3. 단추를 단다.

6 완성

TIP 소매를 7부로 늘리거나 퍼프 혹은 비숍소매로 변형하면 더욱 색다른 느낌을 만들 수 있다. 다양한 소매를 매치해 여러 스타일로 완성해보자!

이제 데일리룩의 마지막 원피스입니다. 베이직 아이템부터 지금까지 활용했던 테크닉을 활용하면
정장이 필요한 자리에도 어울리는 포멀한 원피스 룩을 거뜬히 만들 수 있습니다.
패턴은 2가지 모양으로 변형할 수 있도록 준비했습니다.
스커트를 스트레이트 라인으로 만들면 하객룩으로도 손색없는 포멀한 원피스가 되고,
풍성한 모양으로 넓게 만들면 드레시한 분위기의 디자인이 된답니다.
트위드나 모직 원단, 면 등 원단에 따라 다채로운 결과물이 탄생할 수 있는 모던 스퀘어넥 원피스.
슬슬 손에 익었을 각 테크닉을 모두 활용해 고급스러운 옷 만들기에 도전해보세요!

Daily Dress 16
모던 스퀘어넥 원피스
Modern Square Neck Dress

[재료]

- 겉감(몸통) 대폭 2마(140cm × 200cm)
- 실크 심지 1/4마
- 장식단추 4개
- 콘실지퍼 60cm × 1개

[봉제법]

밑단 마감 P.30, 시접 마감(가름솔) P.29, 오그리기 P.30, 소매 연결하기 P.37, 콘실지퍼 달기 P.40, 안단 달기 P.38, 심지 붙이기 P.38

[완성 치수]

사이즈	가슴둘레	허리둘레
44	83cm	65cm
55	87cm	69cm
66	91cm	73cm
77	95cm	77cm

※ 제시한 원단 소요량은 넉넉한 요척으로 계산했으나 각 원단의 폭이나 재단 방식에 따라 차이가 날 수 있다.

[재단 배치도]

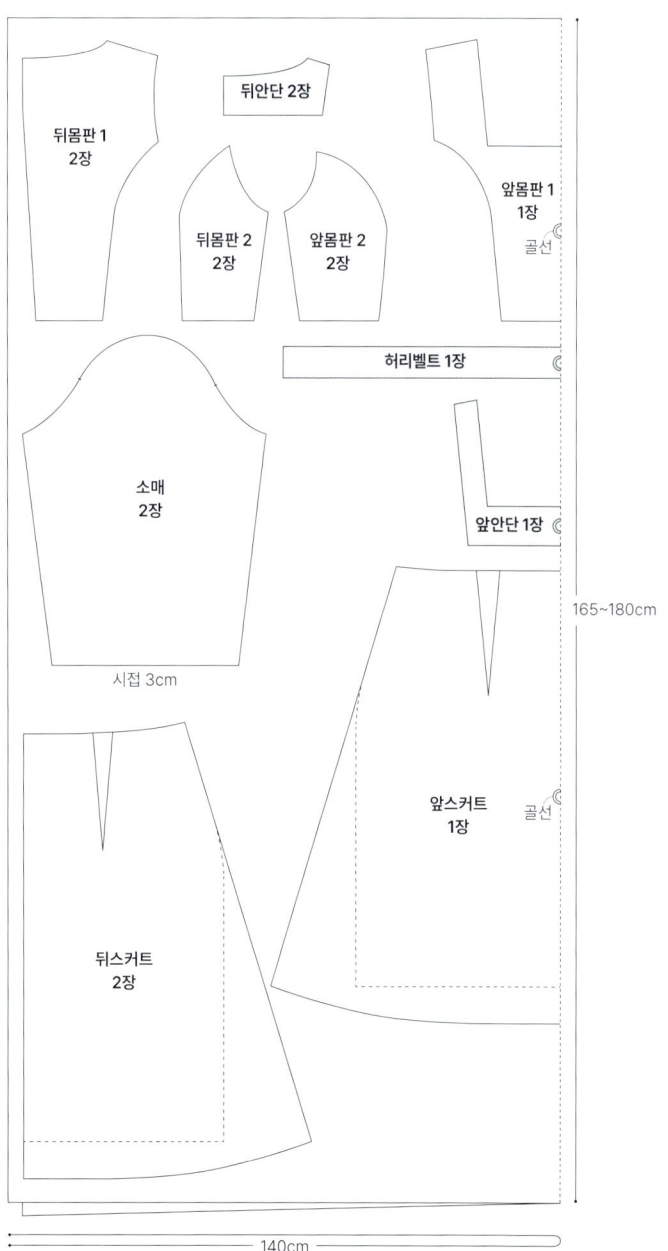

※ 정해진 곳 외의 시접은 모두 1cm.
※ 회색 부분에는 소잉 심지를 붙인다.

(만드는 순서)

0 기본 작업

1. 안단과 허리벨트 안쪽에 심지를 대어 다린 다음 오버로크 처리한다.
2. 앞안단과 뒤안단 어깨선을 연결하고 시접을 가름솔 처리한다(작품 14-5 P.157).
3. 나머지 재단감도 모두 오버로크 처리한다.

1 스커트 만들기

※ 1~3번 과정은 작품 07의 만드는 방식과 동일하다 P.99.

1. 앞스커트와 뒤스커트를 재단하고 전부 오버로크 처리한다.
2. 다트를 모두 넣고 뒤스커트를 겉끼리 맞대어 옆선을 박음질한다.
3. 시접을 가름솔로 처리해 다린다.
4. 허리벨트와 스커트 허리 부분을 겉끼리 맞대어 박음질하고 시접을 가름솔 처리한다.

2 소매 만들기

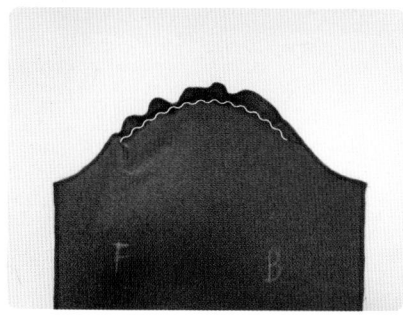 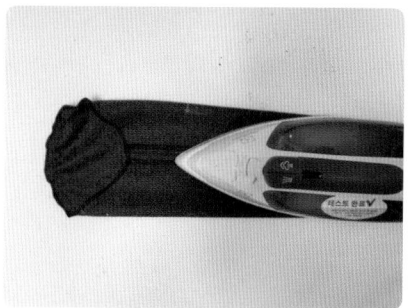 

1. 소매 2장을 오버로크 처리하고 소매산을 오그린다(오그리기 P.30).
2. 겉끼리 맞대어 소매통을 박음질하고 시접을 가름솔 처리한다.
3. 소맷부리는 안쪽으로 2cm 접어박는다.

3 몸판 만들기

1. 앞몸판 2 곡선을 오그린다(앞몸판 오그리기 P.153).
2. 앞몸판 1 양옆에 앞몸판 2(2장)를 겉끼리 맞대어 연결한 다음 시접을 가름솔 처리한다.
3. 뒤몸판 1과 뒤몸판 2를 겉끼리 맞대어 박음질하고 시접을 가름솔 처리한다.

 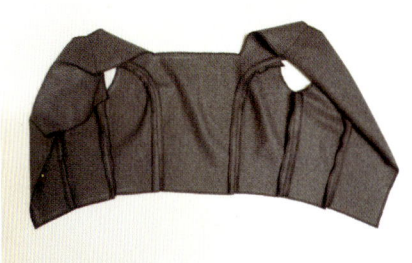 

4. 앞몸판과 뒤몸판을 겉끼리 맞대어 어깨선과 옆선을 박음질한다.
5. 어깨선과 옆선의 시접을 가름솔 처리한다.
6. 스커트의 허리벨트 중심과 앞몸판 중심을 맞추고 겉끼리 맞대어 박음질한다.

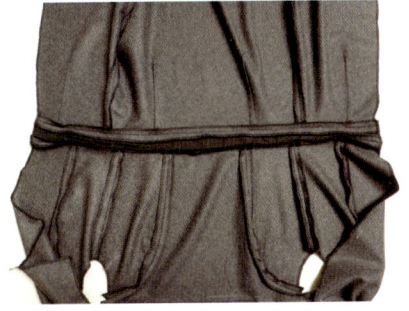  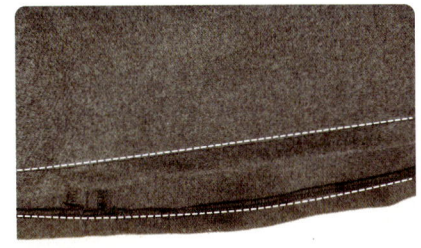

7. 시접은 가름솔 처리한다.
8. 몸판에 소매를 연결하고 한 번에 오버로크 처리한다(소매 연결하기 P.57).
9. 스커트 밑단을 안쪽으로 1cm 접어박는다.

4 지퍼 달고 안단 연결하기

 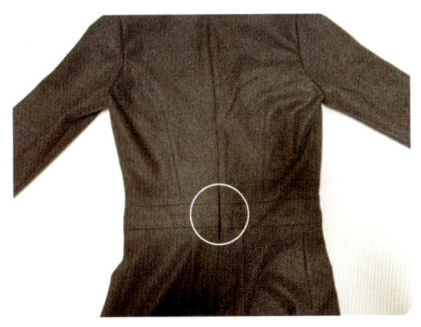 

1. 원피스 뒤쪽에 콘실지퍼를 연결한다(작품 14-4 P.156-157).
2. 허리선이 잘 맞도록 유의한다.
3. 원피스 몸판과 안단을 겉끼리 맞대어 네크라인을 박음질한다.

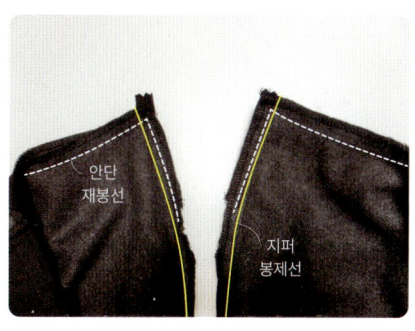  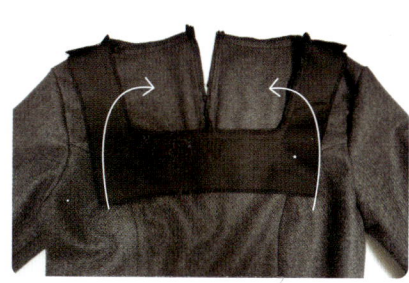

4. 뒤쪽 지퍼와 이어지는 부분의 안단은 지퍼를 연결한 봉제선 바깥으로 바느질한다.

5. 네크라인 시접 모서리에 가위집을 넣는다.

6. 안단을 안으로 꺾어 넣어 다린다.

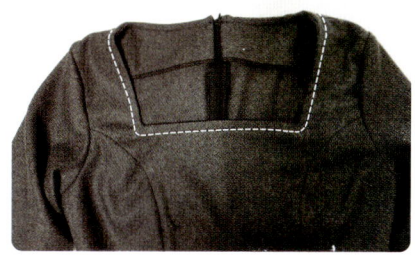

7. 네크라인을 1cm 시접으로 상침한다.

5 단추 달기

1. 앞몸판에 단추를 손바늘질해 단다.

6 완성

TIP 모직 같은 단단한 원단은 더욱 고급스럽고, 패턴이 있는 원단이라면 귀여운 디자인을 만들 수 있다.

Photo Essay
추억을 영화의 한 장면으로

오랜만에 프랑스에 갈 기회가 생기자 바로 어떤 옷을 만들지부터 고민되었어요. '어떤 옷을 살까'가 아니라 '어떤 옷을 만들지' 하고 궁리하는 순간 진정한 소잉 마니아인 것을 실감했습니다. 한 달 내내 밤을 새우며 드레스를 몇 벌 더 만들고 이번 책을 준비하며 만든 옷들도 챙기는 바람에 40kg이 넘는 가방을 끌어야 했지만, 유럽에서 이 옷들을 입을 생각에 무겁다는 생각도 들지 않았던 것 같아요.

마리 앙투아네트를 생각하며 만든 슈미즈 잠옷은 프랑스에서의 모든 순간을 영화의 한 장면처럼 만들어주었습니다. '로맨틱 라운드 요크 드레스'나 '앤틱 레이스 요크 배색 드레스'의 길이를 늘리고 소매와 네크라인 등에 풍성한 프릴을 추가하면 비슷한 분위기의 룩을 만들 수 있을 거예요. 이 드레스 파자마를 입고 파리의 호텔 테라스에서 저녁노을을 감상하고, 남부의 고성에서 머무는 동안에는 서재에서 희귀한 예술사조 책들을 읽다 잠들었습니다. 배경과 어우러진 그때의 사진을 들여다보니 더욱 로맨틱한 추억으로 느껴집니다.

이 책은 베이직한 캐주얼 룩부터 파티 룩까지 커버할 수 있는 매력적인 옷 또는 드레스를 구성하는 데 가장 신경 썼어요. 원단을 살짝 변주만 해도 독특한 느낌의 디자인이 됩니다. 프랑스 파리를 생각하며 고른 잔꽃 원단으로 만든 퍼프 블라우스와 머메이드 스커트 셋업을 입고 시내를 돌아다녔는데, 예상했던 대로 거리의 색감과 은은한 레몬색의 조합은 꼭 들어맞은 것 같았습니다.

디즈니 마니아에게 파리 디즈니랜드는 빠트릴 수 없는 곳이죠. 이번에도 새로운 한복 드레스를 만들어 방문했습니다. 인어와 바다의 이미지를 담아 나에게 어울리는 드레시한 한복을 디자인하고, 가장 좋아하는 인어공주 에리얼의 색감을 떠올리며 색을 조합했어요. 파리 디즈니랜드의 분홍색 성 앞에서 사진을 찍고 있으니 스태프가 다가와 "폐하(Your Majesty)"라며 예우를 갖춰 대해주었습니다. 참 즐거운 서프라이즈 이벤트였어요. 어린아이들은 내가 만든 옷에 눈을 떼지 못하고 "당신은 어떤 프린세스인가요?"라고 물어보기도 했습니다. 한 땀 한 땀 만든 드레스 덕분에 디즈니 영화의 주인공이 된 순간이었습니다.

고성(古城)에서 보낸 휴양은 잊지 못할 시간이었어요. 프랑스 남부 시골의 샤토(Château)는 오랜 역사를 한껏 감상하며 편안하게 머무를 수 있는 공간이었습니다. 샤토에서 사는 것이 오랜 꿈이었던 성의 주인은 매일 새벽부터 밤까지 성 곳곳을 손보고, 새로운 유물을 채워 넣고, 청소하고 있었습니다. 성을 구매한 후로 20년 넘게 예술 서적들을 수집하며 매일 밤 다락방에서 성을 어떻게 꾸밀지 구상하는 그의 모습이 벅찬 감동으로 다가왔죠. 그가 꿈을 실현하고 있는 성에서 낭만을 담은 드레스를 입을 수 있다는 것 자체가 행복했습니다.

이 샤토에서의 휴양을 위해 줄리엣 스타일의 드레스를 만들어 왔는데, 프랑스 성에서 이탈리아 르네상스풍 드레스를 입고 있자니 역사책을 넘나드는 기분이었습니다. 성 구석구석 정성이 담긴 장소에서 행복한 순간을 사진에 새길 수 있었습니다.

날씨가 맑은 날에는 피크닉을 준비했어요. 프릴 에이프런을 입고 요리하니 번거로운 과정들마저 마냥 낭만적이었습니다. 투명한 원단을 겹쳐 만든 드레스를 입고 정원에서 한 피크닉에 성에 사는 고양이가 다가와 함께해주었습니다. 동화의 한 장면 같았던 그 순간은 오래 기억될 거예요.

밤에는 웨딩드레스를 입고 성안을 돌아다니며 간식을 먹고, 요리를 만들어 만찬을 즐기기도 했어요. 평범한 인증샷이 될 수도 있던 사진들이 더욱 깊이 있는 추억으로 남게 되었습니다. 앞으로도 가장 어울리는 색감과 원단으로 정성껏 지은 옷들을 입고 좋아하는 곳에 방문하는 추억을 쌓아가고 싶습니다.

Chapter 4

특별한 나를 위한 스페셜 드레스
Special Dress

커다란 칼라에 프릴과 리본을 달고, 클래식한 무드에 잘 어울리는 비숍소매를 연결해볼까요.
기장을 길게 늘려서 부드러운 원단으로 홈웨어를 만들어도 좋고,
칼라와 몸판의 색을 다르게 매치해 귀여움이 두 방울 섞인 드레스를 만들어도 좋습니다.
시즌마다 유행이 돌아오는 빅 칼라 원피스를 직접 만들어보세요!

Special Dress 17
빅 칼라 비숍소매 드레스
Big Collar Bishop Sleeve Dress

〔 재료 〕

겉감(몸통)	대폭 3마(150cm × 260cm)
실크 심지	1/2마
단추	6개

〔 봉제법 〕

소매 연결하기 P.37 , 바이어스 만들기 P.43 , 주름 만들기 P.42 , 안단 달기 P.38 , 심지 붙이기 P.38 , 밑단 마감 P.30

〔 완성 치수 〕

사이즈	어깨너비	가슴둘레
44	37cm	83cm
55	38cm	87cm
66	39cm	91cm
77	40cm	95cm

※ 제시한 원단 소요량은 넉넉한 요척으로 계산했으나 각 원단의 폭이나 재단 방식에 따라 차이가 날 수 있다.

〔 재단 배치도 〕

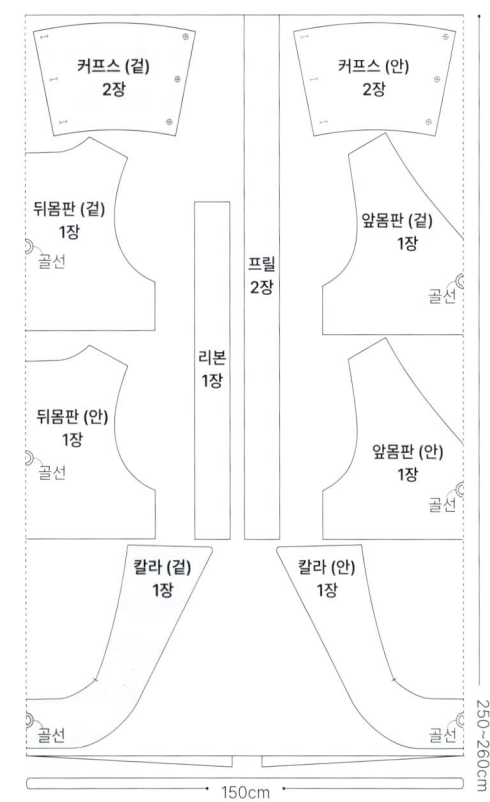

※ 정해진 곳 외의 시접은 모두 1cm.
※ 회색 부분에는 소잉 심지를 붙인다.
※ 소매 패턴은 작품 20 P.202 과 같다.
※ 리본은 시접을 포함해 폭 6cm × 길이 60cm 이상을 별도로 재단한다.
※ 프릴은 시접을 포함해 폭 6cm × 길이 100cm 이상을 별도로 재단한다.
※ 프릴 스커트는 스커트감을 2장 재단해 연결한다.
※ 프릴감은 바이어스 방향으로 재단하면 예쁜 모양을 만들 수 있지만 원단의 여백이 부족하다면 방향을 지키지 않아도 무방하다. 이 책에서는 바이어스 방향으로 재단하지 않고 남은 원단의 여백을 프릴감으로 활용했다.

[만드는 순서]

1 프릴이 달린 빅 칼라 만들기

1. 프릴감을 충분히 준비하고, 반으로 접어서 다린 다음 주름을 잡는다. 프릴감을 접지 않고 오버로크한 다음 밑단 1cm를 접어박기 해도 OK (주름 만들기 P.42).

2. 프릴의 양 끝이 자연스럽게 바깥쪽으로 둥글어지도록 오버로크 처리한다.

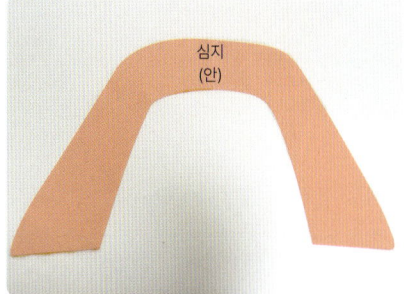

3. 겉칼라 안면에 심지를 붙여서 다린다.

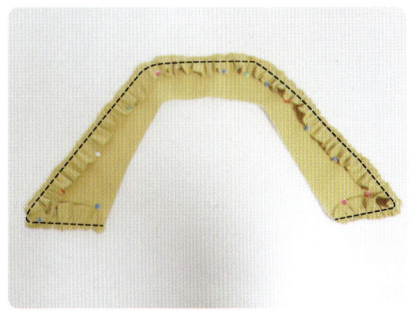

4. 겉칼라 아래쪽에 프릴을 연결한다. 이때 프릴은 칼라 안쪽을 향해야 한다.

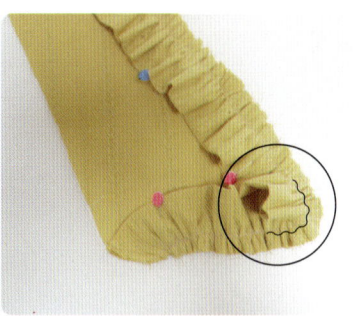

TIP 칼라의 둥근(곡선) 부분에 주름 여분을 넉넉하게 잡아야 뒤집었을 때 모양이 예쁘게 나온다.

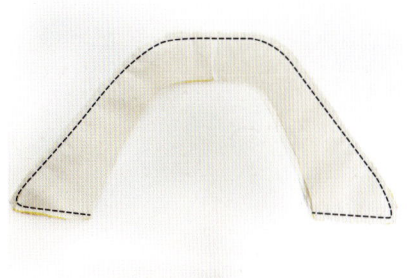

5. 겉칼라와 안칼라를 겉끼리 맞대 박음질한다.

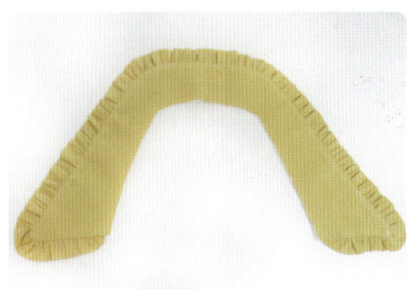

6. 뒤집어서 다림질해 정리한다.

2 단춧고리가 달린 비숍소매 만들기

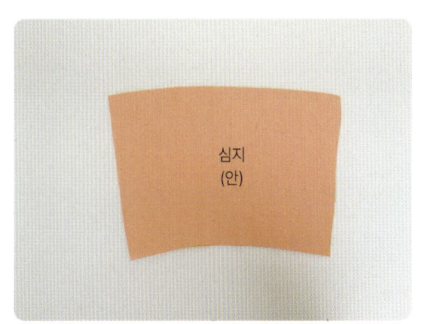

1. 겉소맷단 안면에 심지를 대어 다린다.

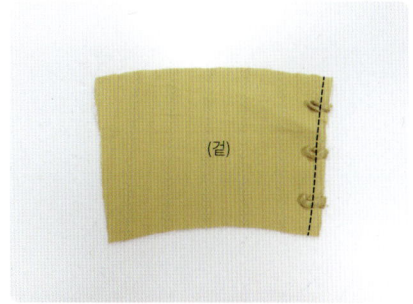

2. 천 루프로 고리를 만들어 겉감 안쪽을 향하도록 고정한다.

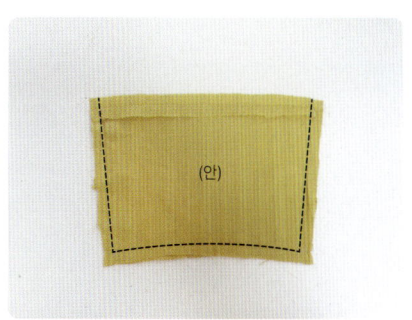

3. 심지를 대지 않은 소맷단의 위쪽 시접을 안으로 접어서 다리고 소맷단 2장을 겉끼리 맞대어 박음질한다. 접은 시접은 그대로 밟고 지나간다.

4. 뒤집어서 다림질한다.

5. 위치에 맞춰 단추를 손바느질해 단다.

3 몸판 만들기

1. 앞몸판과 뒤몸판의 어깨선과 옆선을 함께 박음질하고 오버로크 처리한다. 겉몸판과 안몸판 2장 모두 동일하게 만든다.

2. 겉이 보이도록 뒤집고 겉목둘레에 칼라를 맞춰서 고정한다.

3. 칼라의 맞춤점이 어깨선에 맞아야 한다.

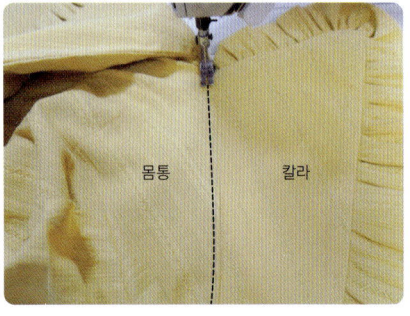

4. 겉몸판과 안몸판을 겉끼리 맞대어 목둘레를 빙 둘러 박음질한다. 겉몸판과 안몸판 사이에 칼라가 들어가는 모양이어야 한다.

5. 안몸판을 몸통 안쪽으로 꺾어 넣고 정리한다.

6. 칼라를 젖히고 목둘레를 몸통 쪽에서 1cm 시접으로 상침한다.

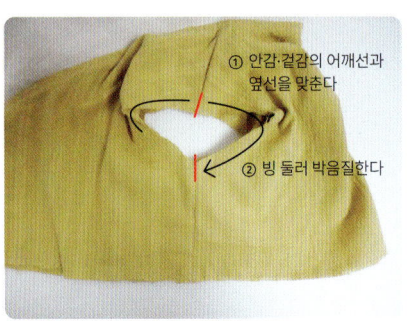
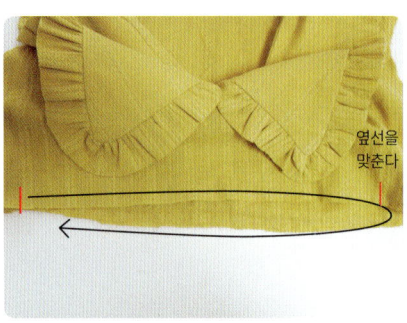

TIP 상침은 칼라와 안몸판이 튀어나오지 않도록 고정하기 위함이다.

7. 겉몸판과 안몸판의 어깨선과 옆선을 맞추고 진동둘레를 빙 둘러 고정한다.

8. 겉몸판과 안몸판의 옆선을 맞추고 밑단도 빙 둘러 박음질한다.

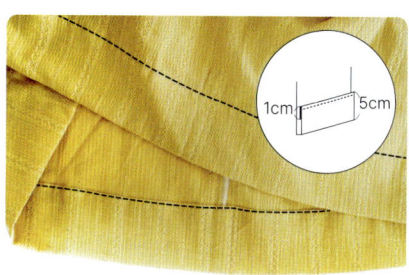
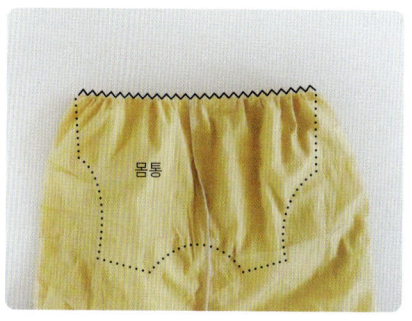

9. 스커트의 겉을 맞대 옆선을 박음질하고 오버로크 처리한다. 허리선에는 빙 둘러 주름을 잡는다.

10. 스커트 밑단 시접을 폭 1cm와 5cm로 두 번 접어박는다. 이처럼 시접을 두껍게 접어박으면 더욱 클래식한 느낌을 만들 수 있다. 취향에 따라 오버로크 처리한 다음 1cm로 한 번 접어박아도 OK.

11. 스커트와 몸판 허리둘레의 겉을 맞대 연결하고 시접을 오버로크로 처리한다. 작품 11의 프릴을 다는 방식과 동일하다 P.134.

12. 뒤집어서 다린다.

13. 소매를 연결하고 진동둘레를 오버로크 처리한다(소매 연결하기 P.37).

14. 바이어스를 길게 재단해 리본을 만들어 붙이면 더욱 사랑스럽다.

4 완성

(TIP) 칼라와 커프스를 다른 색으로 배색하면 더욱 귀여운 연출이 가능!

(TIP) 스커트 길이를 늘리고 허리 부분에 바이어스로 허리띠를 만들어 달면 슬림핏으로 조절해 입을 수 있다 [작품 13-1 P.147].

디자인을 생각하다 보면 구상보다 우연이 좋은 결과물을 만들어내는 경우가 종종 있습니다.
이 앤틱한 스타일의 드레스야말로 우연이 만들어준 작품이에요.
귀엽고도 유니크한, 그러면서도 깔끔한 가방과 어울리는 디자인이 필요했을 때
이전에 사두고 오래 보관만 해두었던 셔츠 원단이 떠올랐습니다.
레이스 상자를 열어보니 새하얀 오프화이트에 어울리는 검은 프릴 레이스도 있었죠.
오래전 다른 옷을 만들고 남은 레이스였는데, 참 예뻐서 버리지 않고 아껴뒀더니
흰 셔츠 원단과 신기한 분위기로 어우러졌습니다. 만들고 보니 새로운 스타일링 아이디어도 샘솟았습니다.
이런 우연한 새로움은 바느질 취미에 한 번 빠진 사람들이 헤어나오지 못하는 이유 중 하나일 거예요.

Special Dress 18
앤틱 레이스 요크 배색 드레스
Antique Lace Yoke Color Matching Dress

[재료]

겉감(몸통)	대폭 3마(150cm × 270cm)
배색감	1/4마(20cm × 150cm) 혹은 바이어스 테이프 1개
실크 심지	1/2마
단추	5개
프릴 레이스	2종 1마

※ 기본 레이스에 주름을 잡는다면 각 2마씩 필요하다.

[봉제법]

소매 연결하기 P.37, 바이어스 만들기 P.43, 안단 달기 P.38, 주름 만들기 P.42, 바이어스 연결하기 P.45, 심지 붙이기 P.38

[완성 치수]

사이즈	어깨너비	가슴둘레
44	37cm	83cm
55	38cm	87cm
66	39cm	91cm
77	40cm	95cm

※ 제시한 원단 소요량은 넉넉한 요척으로 계산했으나 각 원단의 폭이나 재단 방식에 따라 차이가 날 수 있다.

※ 정해진 곳 외의 시접은 모두 1cm.
※ 회색 부분에는 소잉 심지를 붙인다.
※ 소매 바이어스와 리본 바이어스는 시접 없이 재단한다. 다른 원단으로 배색 또는 기성품을 활용해도 좋다.
※ 프릴은 시접을 포함해 폭 22cm × 길이 140cm 이상 별도로 재단한다.
※ 소매는 패턴이 들어가는 방향으로 접거나 겹쳐서 2장을 재단한다.
※ 프릴감은 바이어스 방향으로 재단하면 더욱 예쁜 모양을 만들 수 있지만 원단의 여백이 부족하다면 방향을 지키지 않아도 무방하다. 이 책에서는 바이어스 방향으로 재단하지 않고 남은 원단의 여백을 프릴감으로 활용했다.

[재단 배치도]

[만드는 순서]

1 앞판과 안단 디테일 만들기

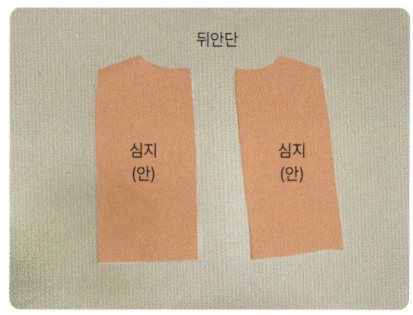
1. 뒤안단 안면에 심지를 대어 오버로크 처리한다.

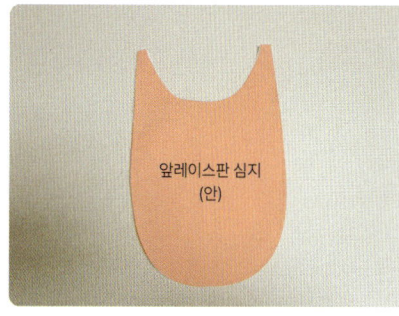
2. 앞레이스판 안면에 심지를 대고 오버로크 처리한다.

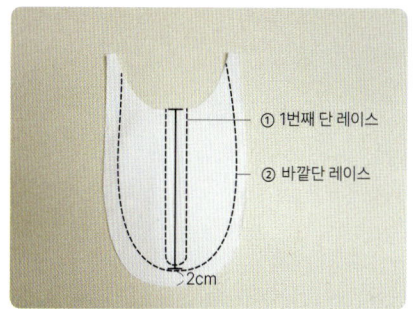
3. 아래에서 2cm 정도 떨어지도록 중심선을 표시하고 중심선을 따라 프릴 레이스를 두른다.

TIP) 1번째 단 레이스는 중심선을 감싸듯 박음질한다. 폭이 넓은 레이스라면 바깥쪽도 한번 더 박음질한다.

4. 1번째 단 레이스 밑에 2번째 단 레이스를 두른다. 이때 레이스가 드러나는 부분이 균일하도록 주의!

TIP) 곡선에는 프릴이 풍부해야 주름 모양이 예쁘게 펴진다. 윗단에 여러 겹의 주름이 잡힌 레이스 또는 두 겹 주름 레이스를 사용하면 더욱 화려하고 유니크한 효과를 낼 수 있다.

2 퍼프소매 만들기

1. 소매 위아래에 주름을 고루 잡아서 퍼프소매를 만든다.

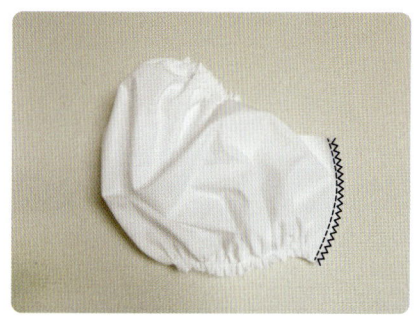
2. 겉끼리 맞대어 접고 소매통을 함께 박음질한 다음 오버로크 처리한다.

3 드레스 몸판 만들기

1. 앞몸판에 다트를 넣는다.

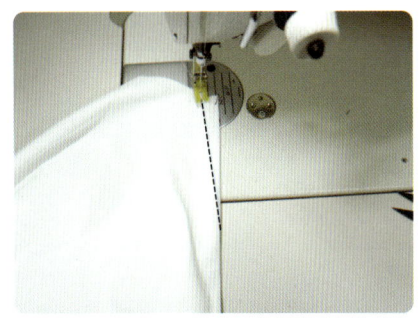

2. 다트 넣기 P.36.

3. 레이스판을 앞몸판에 올리고 박음질해 부착한다. 레이스가 집히지 않도록 레이스를 젖히며 밑판만 몸통에 연결되도록 주의!

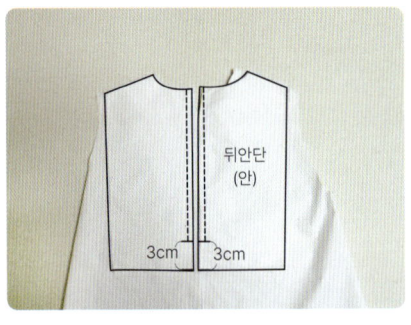

4. 뒤몸판과 뒤안단을 겉끼리 맞대어 뒤중심선을 안단 재봉 끝점까지 박음질한다.

5. 뒤안단 밑부분과 뒤몸판 밑부분의 트임을 겉을 맞대 박음질한다.

6. 안단을 안으로 꺾어서 접고 다림질한다.

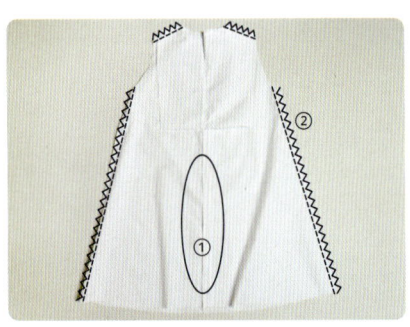

7. ① 뒤중심선을 가름솔 처리한 다음 ② 앞몸판과 뒤몸판을 겉끼리 맞대 어깨선과 옆선을 봉합한다. 어깨, 옆선 시접은 오버로크 처리한다.

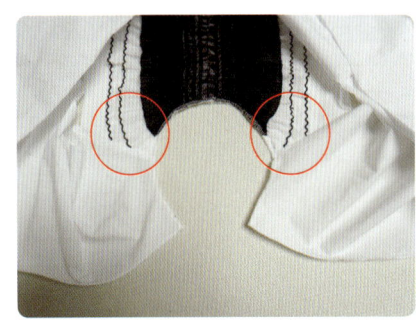

TIP 레이스가 꺾이거나 집히지 않도록 주의!

4 소매와 프릴 연결하기

1. 진동둘레 안으로 소매를 넣어서 빙 둘러 함께 박음질한다.

2. 시접을 오버로크로 깔끔하게 정리한다(소매 연결하기 P.37).

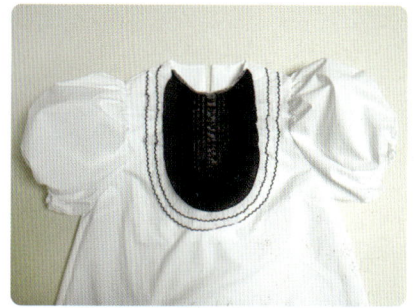

3. 소매를 단 모습.

4. 프릴을 만들어 몸판 밑단에 빙 둘러 박음질하고 오버로크 처리한다(작품 11-7 P.134).

5. 프릴 밑단은 안쪽으로 한 번 접어박거나 폭 0.5cm와 1cm로 두 번 접어박는다. 밑단에 레이스를 대는 등 취향껏 장식해도 OK(밑단 마감 P.30).

5 바이어스 두르기

1. 소매통에 바이어스를 둘러 장식한다(원통형 테두리 감싸기 P.45).

2. 네크라인에 바이어스를 두른다. 시작 지점과 끝 지점에 여유분을 30cm 이상 남기면 리본을 묶기가 수월하다(원단 테두리 감싸기 P.45).

6 장식하기

1. 단추 등으로 취향에 맞춰 장식한다.

7 완성

TIP 컬러감이 있는 원단을 사용해 다양한 스타일을 만들 수 있고, 기장을 길게 늘리면 파티 드레스로도 손색없는 화려한 룩이 된다.

TIP 바이어스로 허리띠를 만들면 슬림핏으로도 연출 가능!

요크를 자르지 않고 이어 붙여 재단하면 클래식한 스타일의 라운드넥 드레스가 된다.

부드러운 분위기의 라운드 네크라인 요크가 달린 드레스입니다.
요크는 몸판이나 스커트를 절개해 덧대는 천을 뜻하는데, 이를 이용해 배색하거나
절개선을 만들어 여러 디자인 요소를 추가할 수 있습니다.
소맷부리에 트임을 넣어 긴 리본으로 로맨틱하게 묶을 수 있는 디자인과
취향에 따라 변형할 수 있도록 여러 선택지를 구성해보았습니다.
요크를 자르지 않고 네크라인을 그대로 이으면 깔끔한 플레어스커트가 되고,
요크 사이사이에 여러 가지 레이스를 넣으면 더욱 활력 있는 무드로 완성할 수 있습니다.
플레어스커트와 어울리는 디자인을 원하는 대로 만들어보세요.

Special Dress 19
로맨틱 라운드 요크 드레스
Romantic Round Yoke Dress

[재료]

겉감(몸통) 대폭 3.5마(155cm × 310cm)
실크 심지 1/2마
레이스(옵션) 2-3종
자수 패치(옵션)

[봉제법]

다트 넣기 P.36, 소매 연결하기 P.37, 바이어스 만들기 P.43, 안단 달기 P.38, 콘실지퍼 달기 P.40, 심지 붙이기 P.38, 밑단 마감 P.30

[완성 치수]

사이즈	어깨너비	가슴둘레
44	37cm	83cm
55	38cm	87cm
66	39cm	91cm
77	40cm	95cm

※ 제시한 원단 소요량은 넉넉한 요척으로 계산했으나 각 원단의 폭이나 재단 방식에 따라 차이가 날 수 있다.

[재단 배치도]

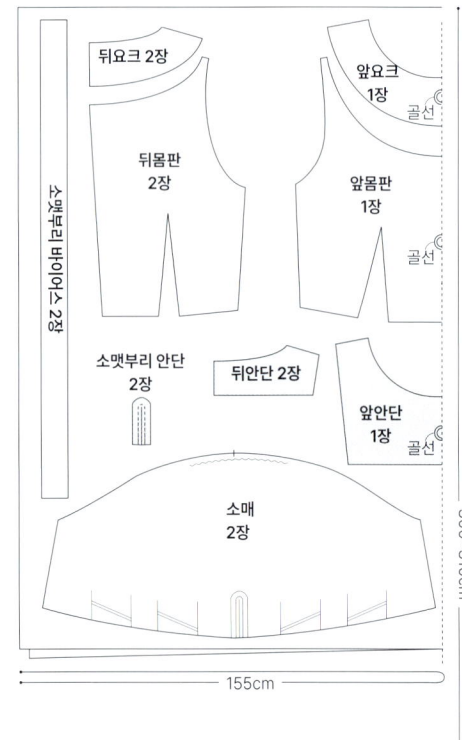

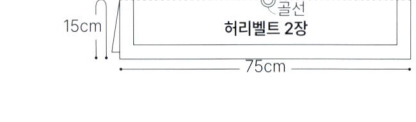

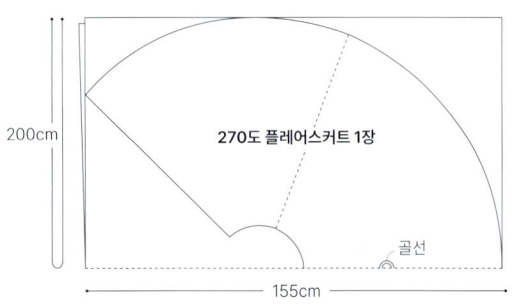

※ 정해진 곳 외의 시접은 모두 1cm.
※ 회색 부분에는 소잉 심지를 붙인다.
※ 소맷부리 바이어스는 폭 4cm × 길이 60cm 이상 별도로 재단한다. 원단의 여유가 있으면 바이어스 방향으로 재단하고 여유가 없으면 여백을 활용한다.
※ 270도 플레어스커트는 부록의 C면과 F면을 이어 그려서 재단한다.

〔만드는 순서〕

0 270도 플레어스커트 재단하기

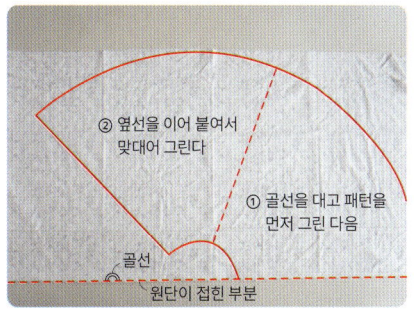
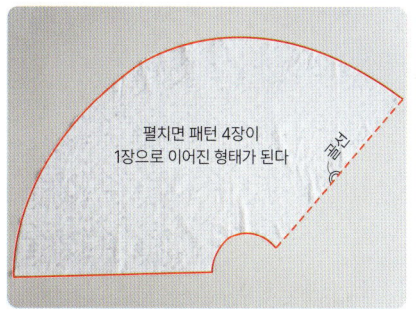

1. 원단을 접은 다음 부록을 따라 270도 플레어스커트를 이어 그려서 재단한다.

1 안단 만들기

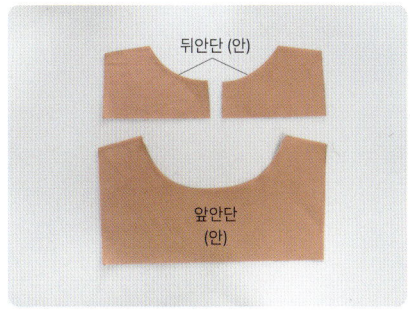
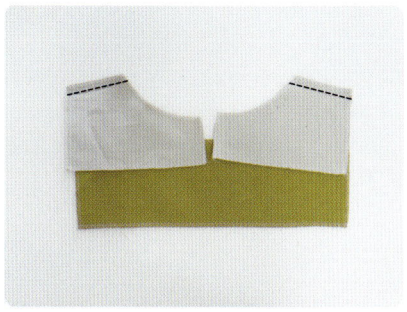
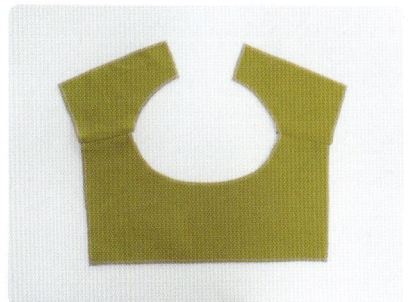

1. 안단감 안쪽에 심지를 대고 오버로크 처리한다.
2. 겉을 맞대어 어깨선을 봉합한다.
3. 시접을 가름솔해 정리한다.

2 요크 만들기

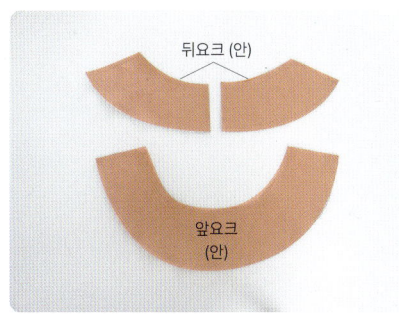
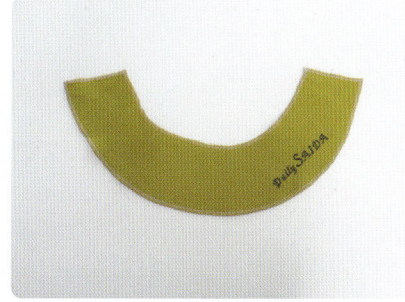
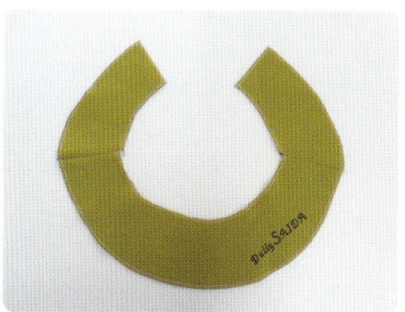

1. 요크 안쪽에 심지를 대고 오버로크한다.
2. 앞요크에는 자수 등으로 장식해도 OK.
3. 겉을 맞대어 어깨선을 봉합하고 시접을 가름솔로 정리한다.

3 허리벨트 만들기

1. 겉을 맞대어 짧은 한쪽 면을 남기고 1cm 시접으로 봉합한다.

2. 겉면으로 뒤집고 다림질한 다음 트여 있는 면을 봉합해 오버로크 처리한다.

4 바이어스 리본이 달린 퍼프소매 만들기

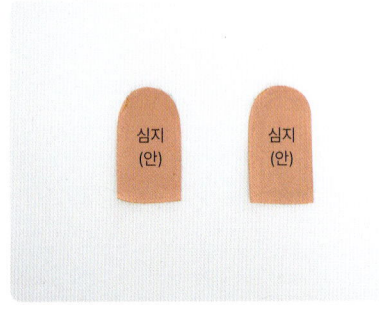

1. 소맷부리 안단의 안면에 심지를 붙이고 오버로크 처리한다.

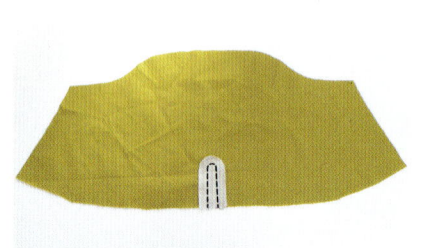

2. 소매 겉면 소맷부리 트임선에 맞춰 겉안단을 맞대어 올리고 선을 감싸듯이 끝을 둥글게 말아서 촘촘하게 바느질한다.
   TIP 바늘땀 폭을 2mm 정도로 조절해 단단하게 고정한다.

3. 선을 따라 끝이 아치를 향해 새의 발 모양이 되게 자른다.

4. 안단을 안으로 꺾어 넣고 다림질한다. 단단히 고정하고 싶다면 안단이 겹쳐지는 부분과 위를 1mm 시접으로 상침한다.

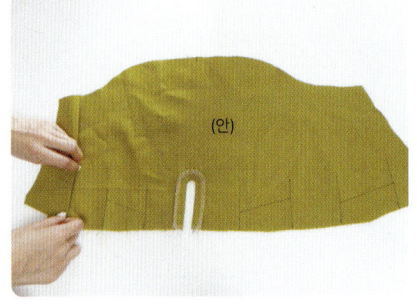

5. 소맷부리 턱을 사선의 높은 쪽에서 낮은 쪽을 향해 접고 시침한다.

6. 소맷부리 턱을 박음질한다.

7. 소매통을 겉끼리 맞대어 박음질하고 시접을 가름솔 처리한다.

8. 바이어스를 길게 만들고 소매 솔기에 바이어스의 중심을 맞춰서 빙 둘러 박는다(원통형 테두리 감싸기 P.45).

9. 소매를 달고 진동둘레를 오버로크 처리한다 (소매 연결하기 P.37).

5 드레스 몸통 만들기

1. 앞몸판과 뒤몸판 모두 오버로크 처리하고 다트를 넣는다. 다트는 옆선을 향하도록 넘겨서 다린다(다트 넣기 P.36).

2. 취향에 따라 중앙에 위치를 맞춰 레이스를 박음질한다.

3. 앞몸판 허리선에서 1.5cm 떨어진 위치에 허리벨트가 안쪽을 향하도록 0.5cm 시접으로 고정한다.

4. 앞몸판과 뒤몸판을 겉끼리 맞대고 어깨선과 옆선을 1cm 시접으로 박음질한다.

5. 취향에 따라 레이스를 요크라인에 둘러 박으면 요크 사이에 디테일을 만들 수 있다. 프릴을 활용해도 OK.

6. 몸통과 요크 겉을 맞대어 올리고 어깨선을 맞춰 시침한다.

7. 빙 둘러 박음질한 다음 시접이 요크를 향하도록 다림질해 정리한다.

8. 스커트와 몸판을 겉끼리 맞대어 허리선을 박는다.

9. 뒤에 콘실지퍼를 박음질한다. 요크선과 허리선이 틀어지지 않도록 주의한다(콘실지퍼 달기 P.40).

10. 스커트 뒤중심선을 봉합한다. 시접은 가름솔해 정리한다.

11. 스커트 밑단을 1cm 시접으로 한 번 접어박는다.

6 안단 달고 장식하기

1. 드레스 몸통과 안단을 겉끼리 맞대고 네크라인을 박음질한다.
2. 뒤쪽 지퍼와 이어지는 부분의 안단은 지퍼를 연결한 봉제선 바깥으로 박음질한다.
3. 안단을 안쪽으로 꺾어 넣어 다림질하고 뒤집히지 않도록 가운데 요크 시접과 어깨선 시접에 손바느질로 고정한다.

7 완성

TIP 요크에 자수 패치, 레이스 등 취향껏 손바느질해 장식하면 더욱 화려한 분위기로 연출할 수 있다.

TIP 요크와 바이어스, 허리벨트 등을 다른 원단으로 배색해 나만의 무드를 디자인해보자!

Special Dress 20

빈티지 스타일 웨딩드레스
Vintage Style Wedding Dress

우리가 직접 만드는 마지막 옷은 바로 웨딩드레스입니다.

매 시즌 유행을 따라 전문적으로 만들어진 웨딩드레스도 좋지만,

내 손으로 고전적인 웨딩드레스를 숍 못지않은 퀄리티로 만들어 특별한 웨딩 촬영에 도전해볼까요.

웨딩드레스는 지금까지 사용했던 테크닉의 총집합입니다. '웨딩'이라는 단어가 주는 부담감이 있지만,

이전의 작품들을 만들어보았다면 이번 작품이야말로 더욱 쉽게 만들 수 있습니다.

특별한 날 오롯이 나만을 위한 드레스를 만들어 입고 추억을 남겨봐요!

Special Dress 20
빈티지 스타일 웨딩드레스
Vintage Style Wedding Dress

[재료]

겉감(몸통)	대폭 4마(150cm × 450cm)
실크 심지	1/2마
프릴 레이스(넓은 폭)	1.5마
요크 장식용 레이스	3-4종 × 각 1마
단추	11개
단춧고리	11개(천 루프 대체 가능)
콘실지퍼	60cm × 1개

※ 소매·커프스·허리띠·요크 등의 배색을 다르게 넣고 싶으면 배색감 1마를 별도로 준비한다.
※ 일반 레이스에 주름을 잡아 활용한다면 각 3마씩 필요하다.

[봉제법]

다트 넣기 P.36, 소매 연결하기 P.37, 바이어스 만들기 P.43, 주름 만들기 P.42, 심지 붙이기 P.38, 콘실지퍼 달기 P.40, 밑단 마감 P.30

[완성 치수]

사이즈	가슴둘레	허리둘레
44	83cm	65cm
55	87cm	69cm
66	91cm	73cm
77	95cm	77cm

※ 제시한 원단 소요량은 넉넉한 요척으로 계산했으나 각 원단의 폭이나 재단 방식에 따라 차이가 날 수 있다.

※ 정해진 곳 외의 시접은 모두 1cm.
※ 회색 부분에는 소잉 심지를 붙인다.
※ 소매 패턴은 작품 17 P.182 과 같다.
※ 앞요크와 뒤요크를 다른 원단으로 배색하면 더욱 입체적인 디자인이 된다.
※ 샘플 사진은 폭 4cm의 긴 바이어스 리본을 만들어 허리띠로 연출했다.

[재단 배치도]

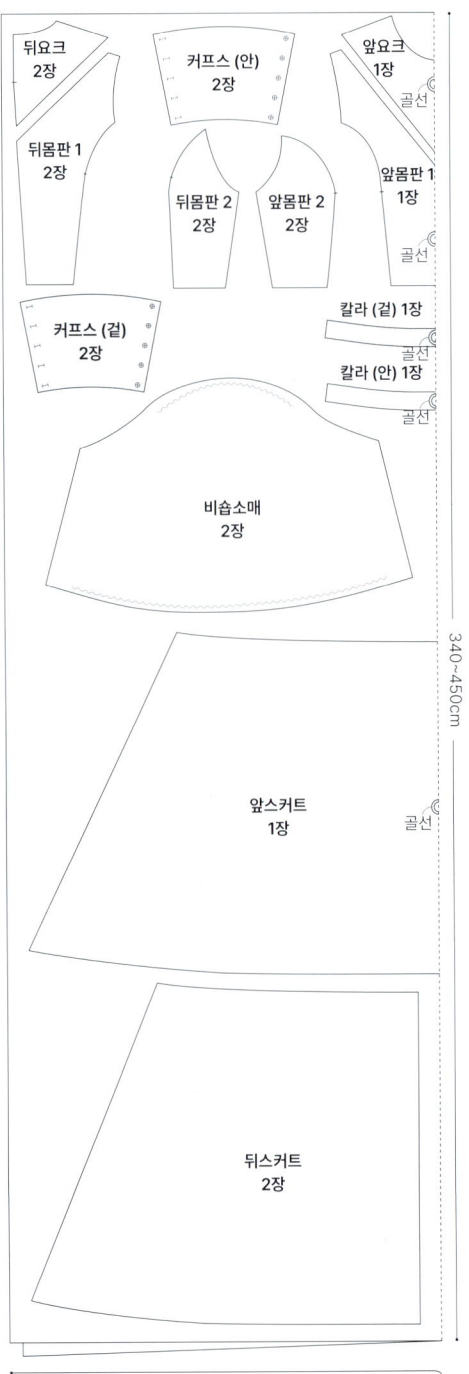

[만드는 순서]

1 디테일 만들기 (요크·칼라·소매)

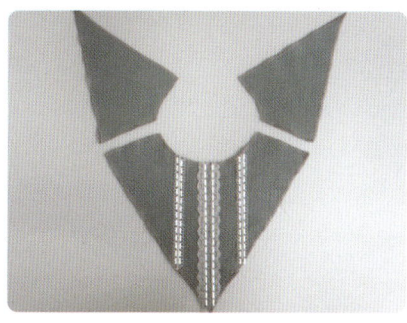

1. (요크 장식하기) 앞요크에 레이스를 박음질해 장식하고 오버로크 처리한다.

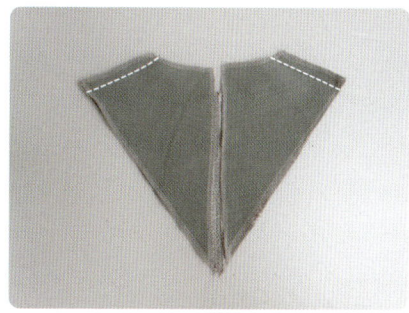

2. 뒤요크도 오버로크 처리하고 앞요크와 뒤요크 어깨선을 맞대어 함께 박음질한다.

3. 시접을 가름솔로 다림질해 정리한다.
   TIP 투명한 원단을 사용한다면 어깨선을 먼저 박은 다음 시접을 겹쳐 오버로크 처리한다. 겹친 시접은 뒤몸판으로 넘겨서 정리한다.

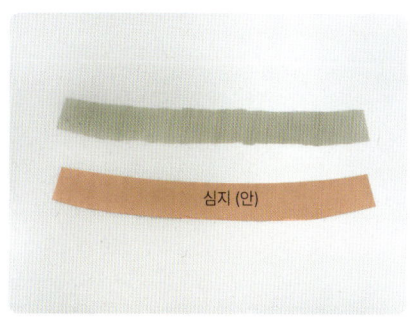

4. (칼라 만들기) 겉칼라 안면에 심지를 대어 붙인다.

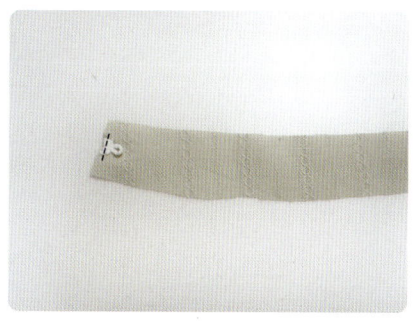

5. 심지를 붙인 쪽에 레이스와 단춧고리를 단다. 단춧고리를 먼저 고정하고 레이스를 박음질한다.

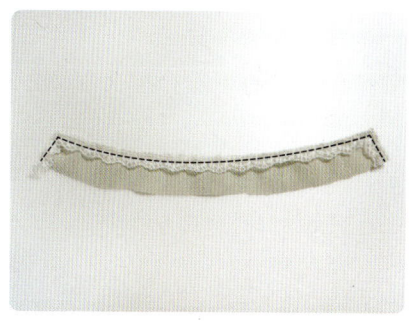

6. 단춧고리와 레이스는 안쪽을 향하도록 한다.

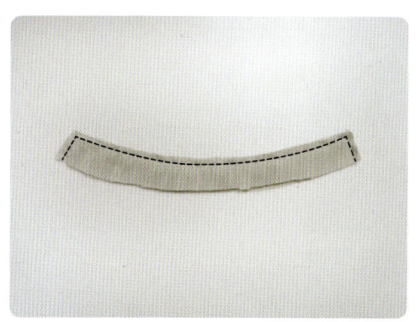

7. 칼라 2장을 겉끼리 맞대어 박음질한 다음 뒤집어서 다린다.

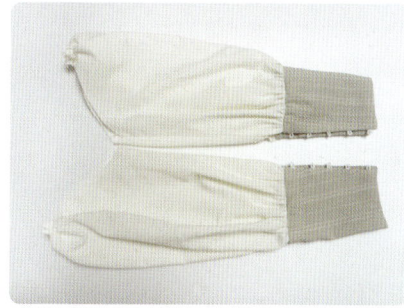

8. 커프스에 단춧고리가 달린 비숍소매를 만든다 (작품 17-2 P.183-184).

2 드레스 몸판 만들기

1. 앞몸판과 뒤몸판을 모두 오버로크 처리한다. 앞몸판 2를 오그리고 앞몸판 1 양옆에 겉을 맞대어 연결한다. 시접은 가름솔로 정리한다(오그리기 P.30).

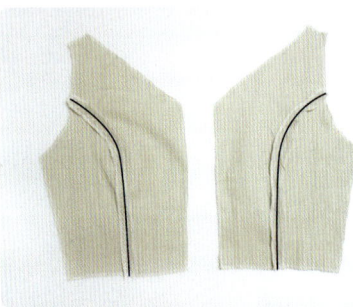

2. 뒤몸판 1과 뒤몸판 2를 겉끼리 맞대어 연결하고, 시접은 가름솔로 정리한다.

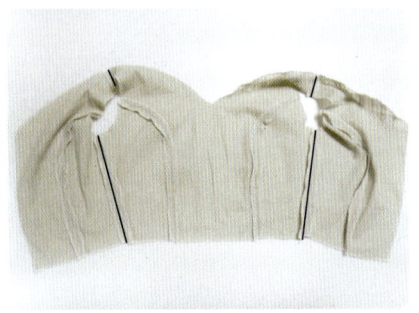

3. 앞몸판과 뒤몸판을 겉끼리 맞대어 어깨선과 옆선을 함께 박음질하고, 가름솔 처리한다.

4. 프릴 레이스를 앞몸판의 요크 라인을 따라 고정한다.

5. 요크와 앞몸판의 어깨선을 정확히 맞추고 겉을 맞대어 함께 박음질한다. 꺾이는 부분은 안쪽 시접에 가위집을 넣는다.

6. 시접을 요크 방향으로 다림질해 정리하고 봉제선 위를 레이스로 장식한다.

7. 소매를 연결한다(소매 연결하기 P.37).

3 스커트와 칼라 연결하기

1. 스커트 옆선을 박음질하고 오버로크한 다음 밑단과 뒤중심도 오버로크로 정리한다.

2. 몸통 허리둘레에 맞춰서 스커트 허리 부분에 주름을 고르게 넣는다.

3. 몸통과 스커트를 겉끼리 맞대어 허리를 연결한다. 시접은 오버로크해 정리한다.

4. 뒤쪽에 콘실지퍼를 박음질한다(콘실지퍼 달기 P.40).

5. 몸통 겉면에서 칼라를 연결한 다음 시접을 오버로크 처리한다.

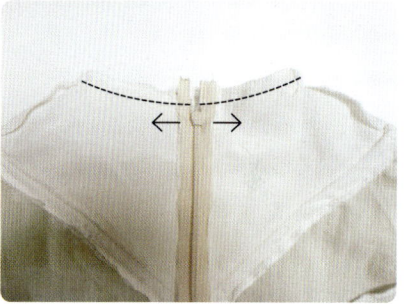

6. 이때 지퍼 시접이 접히지 않도록 정리한다.

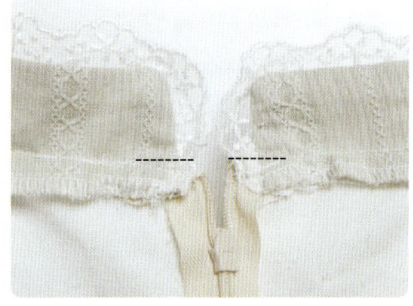

7. 지퍼 상단의 시접을 칼라 시접 안쪽으로 넣고 상침한다. 지퍼 뒷부분이 목에 닿는 불편함을 최대한 방지하기 위함이다.

8. 지퍼 고리에 맞춰 칼라에 단추를 손바느질해 단다.

9. 스커트 밑단을 오버로크하고 안쪽으로 1cm 정도 한 번 접어박는다.

4 완성

(TIP) 리본이나 가방 등 어울리는 장식을 만들어 함께 코디해보자! 물론 허리벨트를 길게 만들어 둘러도 사랑스럽다.

(TIP) 스커트를 두 겹으로 만들거나 끝에 프릴을 달면 더욱 화려한 디테일을 만들 수 있다.

(TIP) 각 부분에 색이 있거나 투명한 레이스 원단을 활용해 배색하면 또 다른 느낌의 드레스를 완성할 수 있다.

Epilogue
나의 첫 레슨 북을 마무리하며

겨울에 시작해 여름을 코앞에 두고 맺는 글을 쓰게 되었습니다. 책 한 권이 나오기까지 얼마나 많은 분의 도움과 품이 필요한지 알게 되는 뜻깊은 시간이었습니다. 새삼스럽지만 그동안 실용 서적들의 설명 사진은 왜 항상 쨍하고 파격적인 색인지 궁금했는데 이번에 알게 되었어요. 가시성이 가장 좋은 방법을 찾느라 같은 옷을 서너 번 만드는 과정이 힘들기도 했지만 새로운 원단과 레이스로 새 옷을 만드는 그 시간이 모두 즐거웠습니다. 도움을 준 모든 분들께 진심으로 감사를 전합니다.

취미는 마라톤 같은 하루하루를 이겨내게 하는 힘을 줍니다. 날씨가 좋은 날에는 맑은 날과 어울리는 옷을 만들고 싶고, 여행을 가서 멋진 풍경을 보면 이곳에서 가장 아름다울 드레스에 대한 영감이 떠오르곤 해요. 20년 넘게 바느질하면서도 아직 만들어보지 못한 옷들이 많은데, 앞으로도 얼마나 더 매력적인 유행과 아이디어가 찾아올지 기대됩니다.

이 책을 보고 많은 사람이 옷 만들기에 재미를 붙이길 바라며 준비했습니다. 부담 없이 가벼운 마음으로 옷을 만들며 온전히 즐기는 시간이 되었으면 좋겠습니다. 옷장 속 낡은 옷과 커튼까지도 새로운 보물처럼 느껴지길 바랍니다.

사이다의 핸드메이드 드레스 레슨

1판 1쇄 발행	2022년 7월 21일
1판 3쇄 발행	2025년 10월 30일

지은이	사이다(SAIDA)
펴낸이	김기옥

라이프스타일팀장	이나리
편집	장윤선, 김민주
마케터	이지수
지원	고광현, 김형식

사진	루시(LUCY)
헤어 스타일링	박은총
메이크업	이설지
패턴	모델리스트 재영
본문 사진 출처	ⓒ김경은(p. 121), ⓒ김모과(p. 48~49, 120, 122, 123 위), ⓒ김혜정(p. 123 아래, 124 오른쪽, 207), ⓒ조성미(p. 124 왼쪽), ⓒbluer(p. 50~53)

표지 디자인	형태와내용사이
본문 디자인	푸른나무
인쇄·제본	민언프린텍

펴낸곳	한스미디어(한즈미디어(주))
주소	121-839 서울시 마포구 양화로 11길 13(서교동, 강원빌딩 5층)

전화	02-707-0337
팩스	02-707-0198
홈페이지	www.hansmedia.com
출판신고번호	제 313-2003-227호
신고일자	2003년 6월 25일

ISBN	979-11-6007-833-6 13590

ⓒSAIDA 사이다 ⓒSANDBOX

책값은 뒤표지에 있습니다.
잘못 만들어진 책은 구입하신 서점에서 교환해드립니다.